심도 있게 편찬된
구역 및 대학·청년부 BEST G.B.S. 시리즈

BEST

사무엘상 I

묵상하는사람들
프리셉트

서문

하나님의 말씀을 향한 뜨거운 열정을 가진 한국 교회 성도들을 위하여 쉼없이 달려온 프리셉트성경연구원은, 쉽고도 심도 있는 성경공부 교재 개발의 부르심에 따라 BEST G.B.S. 시리즈를 기획하여 출간하게 되었습니다.

BEST G.B.S.는 참여자들의 수준이 천차만별하고 그들이 처한 상황이 다양한 점을 고려하여, 다양한 포커스를 가진 도입글과 질문을 제시하였습니다. 뿐만 아니라 깊이 있는 질문을 다각도에서 나눌 수 있도록 선택 질문을 기획하여 묵상의 깊이를 더하였습니다.

한편, 프리셉트성경연구원은 한국 교회를 효과적으로 돕는 다양한 교재를 구역, 셀, 소그룹, 그리고 청년부의 조모임을 위해 많이 개발하고 있습니다. 그 종별의 특징은 다음과 같습니다.

Ⅰ. G.B.S. 교재의 종별 특징

1. High G.B.S. 시리즈

평신도 소그룹 중 성경공부를 장기간 진행해 온 분들에게 적합한 교재입니다. 프리셉트성경연구원의 고급 과정(PUP)에서 다루는 내용을 압축하여 정리한 내용으로서, 참여자들이 1시간 정도 예습해 올 수 있을 때에 효과적으로 진행할 수 있는 교재입니다.

2. BEST G.B.S. 시리즈

소그룹 참여자들의 신앙 수준이 다양한 점을 고려하여, 다양한 도입글과 질문을 제시하였습니다. BEST G.B.S.를 쉽고 편하게 진행하기를 원하면, 「더 깊은 연구와 묵상을 위하여」를 생략하고 다룰 수 있습니다.

3. 쉬운 G.B.S. 시리즈

이 교재는 질의응답식 내용을 통해 누구나 예습 없이 현장에서 쉽게 진행할 수 있도록 구성되었습니다.

4. 주제별 G.B.S. 시리즈

이 교재는 성경의 내용을 주제별로 다뤄서 해당 주제에 대해 성경적 세계관을 확립하는 데 큰 도움을 줍니다.

5. 하나님 마음에 합한 시리즈

이 교재는 신앙생활에 관한 16가지 주제를 소그룹용으로 편찬한 교재로서, 쉬운 G.B.S.에 비해 다루는 내용이 넓고 깊습니다.

6. 40분 G.B.S. 시리즈

이 교재는 미국 프리셉트 본부에서 기획된 교재로서, 약 40분 동안 활발한 토의식 성경공부를 진행할 수 있도록 구성된 편리하고 유용한 교재입니다.

7. 성품 G.B.S. 시리즈

이 교재는 성도들이 소그룹에서 끈기 있게 예수님의 성품을 배우도록 편찬되었습니다. 이 시리즈는 감사, 경건 등 성품이란 주제에 대하여 성경 본문을 집중적으로 연구하여 적용하도록 돕는 성품 변화에 통합된 자료입니다.

8. 기타

그 외에 수련회용, 주말 성경학교용, 청소년용, 제자훈련용 등 많은 교재가 준비되어 있습니다.

II. 인도자를 위한 안내

1. 시작 시간을 정확히 지키십시오.
2. 성령님께서 말씀의 비밀을 깨우쳐 주시도록 함께 기도하십시오.
3. 성경공부에 들어가기 전, 지난 주에 깨달은 말씀을 함께 나누면서 마음을 여는 시간을 가지십시오.
4. 인도자는 시작하는 질문을 던지면서 참여자들의 활발한 토론을 유도해 나가십시오. 질문을 할 때에는 교재에 주어진 문제에만 국한하지 말고 다른 보충 질문들을 준비하여 이끌어 가십시오.

5. 각 문제마다 적절한 시간을 안배하여 중점적으로 다룰 문제는 충분히 토의하고 지엽적인 문제는 간단히 진행하십시오.
6. 각 과를 인도한 후, 다음의 평가항목을 통해 스스로 자기 점검을 하십시오.
7. 인도자로서 좀 더 깊이 성경을 배우고자 하시는 분들은 프리셉트 성경연구 과정에 참여하셔서 도움을 받으시기 바랍니다(문의: 02-588-2218).

Ⅲ. 평가항목

1. 보조 질문은 좋았는가?
   명확하고 간략했는가?
   본문에 충실했는가?
   본질적인 문제에 접근했는가?
   깊은 통찰과 적절한 적용을 이끌어 냈는가?
2. 참여자의 발표를 잘 유도하고 격려했는가?
3. 말을 너무 많이 하거나 적게 하지는 않았는가?
4. 준비를 충분히 하였는가?
5. 분문에서 벗어난 방향으로 토의가 진행되지는 않았는가?
6. 시간은 잘 지켰는가?

Ⅳ. 본 교재에 대하여

사무엘상은 사사 시대에서 왕정 시대로 넘어가는 과도기 이스라엘에 관한 이야기입니다. 이 이야기의 핵심 인물은 이스라엘의 마지막 사사이자 선지자인 사무엘, 이스라엘의 초대 왕 사울, 그리고 이스라엘의 가장 중요한 왕 다윗입니다.

사무엘상 1-7장은 사무엘을 중심으로 전개됩니다. 사무엘이 태어나기 전 이스라엘의 상태는 비극, 그 자체였습니다. 약속의 땅에서 하나님의 나라를 이루라는 사명은 내팽개쳐졌습니다. 하나님의 은혜를 망각한 채, 종교적으로 부패했고 도덕적으로 타락했습니다. 더 이상 가나안 사람들과 다를 것이 없었습니다. 영토는 다 빼앗기고, 주전 11세기에는 블레셋의 강력한 도전 앞에 무기력하게 주저앉았습니다. 이때, 하나님은 사무엘을 준비하시고 세우셨습니다. 죽어 가는 사사 시대를 정리하게 하시고, 새로운 왕정 시대를 준비하는 역할을 맡기셨습니다. 사무엘의 출생 과정과 소명, 그의 초기 행적들과 언약궤의 회복, 블레셋과의 전쟁에서 승리함 등의 이야기는 단순히 사무엘 한 사람에 관한 역사가 아니라, 죽어 가는 이스라엘을 살리시는 하나님의 구원의 역사였습니다.

사무엘상 8-15장까지는 사무엘과 함께 사울이 등장합니다. 사무엘상 8장에 들어서면서 이스라엘 장로들은 사무엘에게 왕정제도를 요구합니다. 이스라엘 주위의 열방들은 왕을 중심으로 한 군사공동체로 뭉쳐 있었고 철제무기로 무장되었기 때문에, 이스라엘 역시 시대의 변화에 부응해야 한다고 주장한 것입니다. 왕정 제도는 이스라엘의 생존을 위해 필요했을 것입니다. 하지만 하나님의 백성들에게는 생존보다 더 중요한 자유와 신앙이 있었습니다. 이스라엘은 하나님의 통치 아래, 개인이 자유롭게 그 통치에 반응하도록 엮어진 유기체적 공동체였습니다. 그럼에도 왕정을 원하자 하나님은 그것을 수용하셨습니다. 대신 열방과는 다르게 왕정 제도를 통한 신정 제도를 실현하도록 하셨습니다. 하지만 사울 왕은 하나님의 제안을 거부했고, 결국 그는 하나님의 통치를 받은 왕이 되지 못했습니다.

사무엘상 16-31장까지는 사울과 다윗이 함께 등장합니다. 하나님은 왕정 정치를 통한 신정 정치의 실현에 실패한 사울 왕 대신 다윗을 왕으로 기름 부으십니다. 그 이후, 사울 왕은 점점 쇠퇴하고 다윗은 점점 왕이 되기 위한 준비를 갖추어 나갑니다. 사울 왕은 자기를 위해 싸우지만, 다윗은 여호와를 위해 싸웁니다. 사울 왕은 점점 마귀적으로 변해가지만, 다윗은 점점 그 능력과 재능을 발휘하게 됩니다. 두 사람 간의 비교와 대조는 우리가 하나님 나라의 백성으로서 어떻게 살아가야 하는지에 대한 도전을 던져 줍니다.

이 책을 공부하는 동안 여러분은 그리스도인의 삶에 대해 진지하게 고민하는 시간을 갖게 될 것입니다. BEST G.B.S. 사무엘상 Ⅰ·Ⅱ를 통해 견고한 신앙의 기반을 구축하고, 위대하신 하나님을 온 심령으로 찬양하는 기쁨을 누리시길 바랍니다.

프리셉트성경연구원

차례

01 한나의 통곡

본문 사무엘상 1:1–18

외울말씀 한나가 마음이 괴로워서 여호와께 기도하고 통곡하며 (10절)

도입을 위한 글

메이플라워호를 타고 신대륙에 도착한 청교도들의 절반은 얼마 지나지 않아 굶주림과 병으로 죽었다. 남아 있는 사람들도 해마다 반복되는 흉년으로 인해 고통을 당했다. 그때마다 그들은 금식주간을 선포하고 하나님께 매달렸다. 금식기도를 놓고 의논하는 자리에서 어떤 농부 한 사람은 한 가지 제안을 했다. "지금까지 우리는 흉년이 오고 많은 형제 · 자매들이 쓰러지는 어려움이 있었습니다. 그때마다 금식하면서 하나님의 도움만을 간구했습니다. 하지만 그 가운데서도 우리에게는 신앙의 자유가 있었고, 광대한 대지가 열려 있었습니다. 앞으로는 금식주간 대신에 감사주간을 선포하여 하나님께 감사하도록 합시다." 이 제안은 참석한 사람들에게 깊은 감화를 주었다. 이후부터 청교도인들은 감사주간을 선포하고 하나님 앞에 감사했는데, 이것이 바로 추수감사주일의 시초가 되었다.

도입을 위한 질문

❶ 요즘 여러분의 마음에 슬픔과 근심과 분노를 안겨다 준 사람은 누구입니까?

❷ 슬픔과 근심과 분노의 감정이 있을 때, 여러분은 기도해본 적이 있습니까?

본문 질문

❶ 엘가나의 두 아내의 이름은 무엇이며, 그 두 아내의 가장 큰 차이점은 무엇입니까?(2절)

* 당시 고대 근동에서의 불임은 하나님의 징벌로 여겨졌다. 자녀를 낳지 못하는 여인은 부족 내에서 지위가 매우 약했고 버림받거나 추방당하기도 했으며 미래를 보장받지 못했다.

❷ 엘가나는 한나에게 갑절의 사랑을 주었습니다(5절). 하지만 그 사랑에도 불구하고 한나는 격분합니다. 한나를 격분시킨 사람과 그 문제는 무엇입니까?(6-7절)

* 격분(激忿, 6절): 몹시 분하고 노여운 감정이 북받쳐 오름을 말한다.

❸ 한나의 마음속에 있던 슬픔은 눈물을 만들어냈고, 괴로움은 음식을 거부하게 했습니다. 하지만 한나는 악을 악으로 갚지 않았습니다. 한나는 그 슬픔과 괴로움을 누구에게 쏟아 놓았습니까?(10절)

❹ "주의 여종에게 아들을 주시면"(11절)이라는 한나의 고백은 자신의 태를 막으신 분이 누구라는 것을 인정한 것입니까?(5–6절 참조)

❺ 한나의 기도는 당시 사람들의 기도와는 사뭇 달랐습니다. 한나는 어떻게 기도했습니까?

* 당시 백성들은 하나님 앞에 다급하게 부르짖는 기도를 했다(삿 3:9, 6:6, 10:14).

11절	여종의 고통을 (　　　　　) 나를 (　　　)하사 ➔ 겸손한 기도
12절	그가 여호와 앞에 (　　　) 기도하는 동안에 ➔ 오래 하는 기도
13절	한나가 (　　　)으로 말하매 입술만 움직이고 ➔ 간절하고 깊은 기도

❻ 엘리 제사장은 한나가 술에 취한 줄 알았습니다(13–14절). 이에 한나는 하나님 앞에 자신의 심정을 통한 것뿐이라고 해명합니다(15절). 한나는 어떤 심정을 하나님 앞에 쏟아 놓았습니까?(15–16절)

* 심정을 통한 것(15절): 목숨을 쏟아 놓았다는 뜻이다.

❼ 한나의 얼굴에서 근심의 빛이 사라졌습니다. 그 이유는 무엇입니까?(17–18절)

더 깊은 연구와 묵상을 위하여

❶ 잉태하지 못하는 고통을 겪었던 여인들과 그 여인들에게서 태어났던 하나님의 사람들과의 연관성을 연구해보십시오(사래-이삭(창 16:1, 21:3), 리브가-에서 · 야곱(창 25:21-26), 라헬-요셉(창 29:31, 30:22-24), 마노아의 아내-삼손(삿 13:2, 24) 등).

❷ 기도하는 모습을 술에 취한 모습으로 착각하는 엘리 제사장의 모습은 당시 사회의 영적 둔감함을 대변해줍니다. 이 시대와 여러분은 영적 분별력이 있다고 생각합니까?

적용을 위한 글

사무엘서의 주인공인 다윗이 등장하기 전, 사무엘을 통해 전개되는 역사가 그려진다. 사무엘의 출생은 마음이 슬픈 여인 한나의 서원기도로 시작된다. 엘가나의 적절하지 못한 처신으로 인해 공동체의 화평이 무너지자, 한나는 이 문제를 하나님 앞에 가져가 기도한다. 한편, 한나의 서원기도를 바라보는 엘리 제사장의 모습 속에서 당시 이스라엘의 영적인 상태를 짐작할 수 있다. 기도하는 한나의 모습을 술에 취한 것으로 판단한 엘리 제사장의 모습은 영적 분별력을 상실한 이스라엘 지도자들의 모습을 반영한 것이다. 한나는 자신의 처지를 말하며 하나님의 긍휼하심을 바란다. 이에 엘리 제사장도 하나님께서 그녀의 기도에 대해 응답하실 것을 함께 기도한다. 기도 응답의 확신을 받은 한나는 이제 은혜를 소망하는 여인으로 변화된다(18절). 이를 통해 우리는 마음이 상한 자를 외면하지 않으시고, 자신의 모습을 있는 그대로 내어놓는 것을 기뻐하시며, 기도하는 자에게 평안을 주시는 하나님을 볼 수 있다.

적용 및 결단을 위한 질문

❶ 혹시 요즘 밥을 못 먹을 정도로 마음이 아프고 괴로운 문제를 가지고 있습니까? 한나의 결핍과 갈등이 한나를 하나님 앞으로 나아가게 만들었습니다. 여러분에게 닥친 문제의 파도를 이용해 하나님께로 나아갈 수 있는 멋진 기도의 파도타기를 경험해보실 생각은 없습니까?

❷ 한나를 괴롭게 한 브닌나와 한나를 위로한 엘가나의 두 모습 중, 여러분은 어느 쪽에 가깝습니까? 지금 여러분의 위로가 필요한 사람은 누구입니까?

02 생각하시는 하나님

본문 사무엘상 1:19-28

외울말씀 이 아이를 위하여 내가 기도하였더니 내가 구하여 기도한 바를 여호와께서 내게 허락하신지라 (27절)

도입을 위한 글

기도는 하나님께서 그분의 자녀 된 우리에게 주신 은혜의 결과인 동시에 특권이다. 하나님께서 주신 이 특권은 특권답게 잘 선용되어야 한다. 이 특권을 잘 사용하지 못하고 세상에 속한 사람들처럼 자신의 지혜와 노력을 의지하는 것은, 하나님이 주시는 큰 은혜를 쏟아버리는 것이다. 기도를 종교 의식의 하나로 여기며 교회에서 형식적으로 예배 드리는 것은 올바른 태도가 아니다.

-김홍전, 「기도에 대하여」

도입을 위한 질문

❶ 기도는 하나님의 자녀들에게 주신 특권이라는 말에 동의합니까?

❷ 여러분은 기도의 특권을 잘 사용하고 있습니까?

본문 질문

❶ 기도로 힘을 얻은 한나는, 다시는 과거의 실패에 주저앉아있지 않았습니다. 한나는 집으로 돌아와 엘가나와 무엇을 합니까?(19절)

❷ 한나는 하나님의 응답을 확신했고, 새 창조를 기대했습니다. 하나님은 그런 한나를 어떻게 하셨습니까?(19절)

* 생각하신지라(NIV; remembered): 하나님께서 잊지 않고 기억하여 관심을 가지고 계셨다라는 뜻이다.

❸ 한나는 기적의 아들을 무엇이라고 이름하여 하나님께 영광을 돌립니까? 그 이름의 뜻은 무엇입니까?(20절)

* 사무엘(히브리어로 쉐무엘): 하나님이(엘) 들으셨다(쉐무)라는 뜻이다.

❹ 하나님께서 한나를 기억하신 것처럼, 한나 역시 하나님께 드린 서원을 기억하고 있었습니다. 한나는 남편에게 자신의 계획을 차분하게 설명했습니다. 사무엘에 대한 한나의 양육계획은 어떠했습니까?(21–22절)

* 매년제(21절): 해마다 한 차례씩 각 가정이 함께 드리던 제사다.
* 젖 떼거든(22절): 히브리인의 평균 이유기는 생후 2–3년 정도다.

❺ 남편의 동의를 얻은 한나는 자녀 양육에 최선을 다했습니다(23절). 그리고 젖을 뗀 후, 사무엘을 어떻게 합니까?(24절)

❻ 엘리 제사장을 다시 찾아간 한나는 자신과 사무엘을 누구라고 소개합니까?(26–28절)

* 기도와 관련해서 관찰하라.

❼ 한나는 엘리에게 사무엘의 무엇을 드린다고 했습니까?(11절 참조, 28절)

* 일반적으로, 나실인의 서원은 헌신하는 기간이 명시되었다. 사무엘의 나실인으로서의 헌신하는 기간은 평생으로 설정되었다.

더 깊은 연구와 묵상을 위하여

❶ 여러분은 다음 세대(자녀, 손자, 어린이, 청소년, 청년)를 잘 양육하고 있습니까? 그들이 하나님께서 잘 사용하실 수 있는 자들로 양육되기 위해 여러분이 포기하고 힘써야 할 일은 무엇입니까?

❷ 엘가나에게 초점을 맞춰보십시오. 아내의 제안에 성숙함으로 반응한 엘가나에게서 배울 점은 무엇입니까?

적용을 위한 글

한나의 모습에서 기도에 대한 올바른 태도를 보게 된다. 한나는 마치 술 취한 자처럼 통곡하며 기도했다. 또한 그녀는 기도한 후에 자신이 해야 할 최선의 노력을 다했다. 한나가 고향으로 돌아가 엘가나와 동침하자, 하나님은 한나의 모습을 보시고 아이를 주셨다. 생명을 주시는 분이 하나님이시듯, 그 생명을 취하시는 분도 하나님이시다. 하나님은 입술로만 기도하는 것이 아니라 응답을 소망하며 기도의 내용대로 행동한 한나를 생각하셨다. 그리하여 한나는 하나님의 복을 받고 아들을 낳았다. 그녀는 이것이 하나님께서 허락하신 일임을 알았기에 아들의 이름을 '사무엘'이라고 지었다. 한나는 사무엘이 젖을 떼기 전까지 아이와 함께 있었다. 그리고 기한이 되자, 가장 풍성한 예물과 함께 사무엘을 하나님께 드렸다. 풍성한 예물을 통해 그녀의 마음이 기쁨으로 충만하였음을 알 수 있다. 한나는 자신이 서원한 대로 사무엘을 드림으로써 참된 신앙의 모습을 보여주었다. 힘들 때에는 주님께 매달리다가 문제가 해결되면 언제 그랬느냐는 듯이 하나님을 등지는 사람들도 있다. 그러나 한나는 기도한 대로 행하며 살았다. 그 결과, 그녀는 하나님의 놀라운 복을 풍성히 받게 된다(삼상 2:21 참조).

적용 및 결단을 위한 질문

❶ 기도하는 것만으로 만족해서는 안 됩니다. 기도한 대로 실천하고 행동하는 것, 기도의 약속을 지키도록 노력하는 것이 뒤따를 때에 진정한 기도생활이 완성되는 것입니다. 여러분은 기도한 대로 살고 있으며, 하나님과의 약속을 잘 지킵니까?

❷ 여러분을 향한 하나님의 시간표를 신뢰합니까? 또한 여러분을 생각하시는 하나님을 신뢰합니까? 하나님을 믿고 신뢰하는 여러분의 삶에서 달라져야 할 것은 무엇입니까?

03 한나의 찬양

본문 사무엘상 2:1-11

외울말씀 여호와는 가난하게도 하시고 부하게도 하시며 낮추기도 하시고 높이기도 하시는도다 (7절)

도입을 위한 글

초대 교회의 영향력 있는 수도사 안토니는 수도사가 되기 전에 한 여인을 지극히 사랑하였다. 그러나 그는 예수님께서 부자 청년에게 하신 말씀에 감명을 받아 사랑하는 여인과 소유를 버리고 수도원으로 들어가 고행의 길을 걷는다(마 19:21 참조). 온갖 유혹과 시련 속에서 그는 점점 거룩해져 갔고, 마침내 성자로 추앙받기에 이르렀다. 그런데 어느 날 아침, 안토니에게 임했던 하나님의 거룩함이 갑자기 사라졌다. 그는 이제 거룩한 수도사에서 초라하고 보잘것없는 거지로 탈바꿈한다. 사람들의 수군거림과 절망감 속에서 안토니는 고향으로 돌아가 청년 때 그가 열렬히 사랑했던 여인을 찾아간다. 그러나 안토니가 그녀를 찾았을 때, 그녀는 이미 이 세상 사람이 아니었다. 안토니는 그곳에서 놀라운 사실을 전해 듣는다. 그것은 그가 수도사가 된 후 그녀가 평생 동안 혼자 살면서 안토니를 위해 눈물 흘리며 기도했다는 것과, 그에게 임했던 하나님의 거룩함이 떠난 순간에 그녀가 하나님의 부름을 받았다는 사실이었다.

도입을 위한 질문

❶ 안토니를 위해 기도했던 여인을 통해 깨달을 수 있는 점은 무엇입니까?

❷ 다른 사람을 위해 기도하고 응답을 받은 적이 있다면 나눠보십시오(예를 들어, 상황과 감정 등).

본문 질문

❶ 한나의 통곡의 기도가 감사의 기도로 역전되었습니다. 한나는 무엇 때문에 마음이 즐겁다고 했으며, 무엇 때문에 기쁘다고 고백합니까?(1절)

* 뿔(1절): 번영을 말한다. 이는 곧 힘과 권력을 상징한다.
* 내 원수들(1절): '브닌나'라기 보다는 무질서와 혼돈의 세력들을 말한다. 여인에게 임신은 질서와 평화지만, 불임은 혼돈과 무질서였다.

❷ 한나는 기도 응답의 과정을 통해 하나님을 더 깊이 알게 되었습니다. 한나는 하나님이 어떤 분이라고 고백합니까?(2절)

❸ 여호와는 지식의 하나님입니다. 하나님은 우리의 무엇을 보시는 분입니까?(3절)

* 달아 보시느니라(NIV; are weighed): "판단하시리라"(현대인의성경), "저울에 달아보시는"(표준새번역).

❹ 한나의 기도는 예언으로 확대됩니다. 당시 하나님을 떠난 사람들이 어떻게 될 것이라고 했습니까? 역전의 하나님께서 어떤 일들을 하실 것이라고 했는지, 다음의 표를 통해 정리해보십시오(4–5절).

* 하나님의 역전(逆轉)은 정치적인 혁명이 아니다. 하나님의 주인 되심을 부인하는 자들을 역전시킨다라는 뜻이다.

이전의 상태	역전의 상태	이전의 상태	역전의 상태
용사의 활(4절)	(　　　)	넘어진 자(4절)	힘으로 띠를 띠도다
풍족하던 자(5절)	(　　　)	주리던 자(5절)	다시 주리지 아니하도다
임신하지 못하던 자(5절)	일곱을 낳았고	많은 자녀를 둔 자(5절)	(　　　)

❺ 한나는 하나님께서 생명(6절), 재물(7절), 명예(8절)의 주인이 되신다고 고백했습니다. 하나님께서는 왜 온 세상의 주인 되실 자격이 있습니까?(8절)

* 땅의 기둥(NIV; the foundations of the earth): 지구의 기초를 말한다. 고대인들은 땅이 기둥으로 받쳐져 있다고 생각했다.

– 땅의 기둥들은 (　　　　　　)의 것이라 여호와께서 세계를 그것들 위에 (　　　　　　)

➜ 하나님은 창조주이시기 때문이다.

❻ 하나님은 거룩한 자와 악인, 여호와를 대적하는 자들에게 각각 어떤 보응을 해주십니까?(9–10절)

❼ 하나님께서 세우실 '자기 왕'과 '기름 부음을 받은 자'는 누구입니까?(10절)

* 세상의 모든 무질서와 혼돈의 세력을 멸하시고, 새 하늘과 새 땅을 가져오실 분을 가리킨다.

더 깊은 연구와 묵상을 위하여

❶ 이 세상은 '자기 PR 시대'라고 하여, 자기 자신을 높이고 세상의 중심으로 생각하라고 부추깁니다. 그리스도인들도 '자기 PR'이 필요하다고 생각합니까? 혹시 그것이 교만이나 자만으로 흐르지는 않습니까?

❷ 한나의 찬양은 개인적인 시를 넘어서 장차 예수 그리스도를 통해 하나님의 통치와 다스리심(하나님 나라)이 세상 가운데 임하게 될 것을 노래한 예언이라고 볼 수 있습니다. 사무엘서의 종결부분에 나와 있는 다윗의 찬양(삼하 22장)과 연결하여 묵상해보십시오.

적용을 위한 글

한나는 사무엘을 하나님께 바치고, 하나님을 찬양하는 기도를 올린다. 이 기도를 통해 한나는 하나님의 구원과 그분의 성품을 고백한다. 한나가 고백하는 하나님은 거룩하신 분으로 지식의 하나님이시며, 모든 만물의 주권자로 차별이 없으신 평등의 하나님이시다. 또한 성도를 지키시는 하나님이시다. 하지만 대적자는 철저히 심판하시는 공의로움도 소유하신 분이다. 한나의 짧은 기도에는 살아 계신 하나님에 대한 분명한 확신이 드러나고 있다. 이 확신으로 한나는 어려움과 고통 가운데서도 승리의 삶을 살게 된다. 이처럼 신앙인의 삶에 있어서 가장 중요한 것은 바로 살아 계신 하나님에 대한 확신이다. 하나님이 함께하실 때, 비로소 우리는 그의 능력을 경험하게 된다. 오늘날 우리에게 정말로 필요한 것도 바로 이러한 고백과 삶이다. 한나를 통해 보여주시는 믿음의 교훈을 분명하게 고백하는 삶이 되도록 기도해야 한다.

적용 및 결단을 질문

❶ 한나는 하나님 나라(하나님의 통치를 인정하는 삶)를 경험하고 있었기에 아들을 하나님께 바쳤어도 즐거움과 기쁨을 누릴 수 있었습니다. 여러분은 무엇인가 결핍되고 상실된 순간에도 하나님으로 인해 즐거워하고 기뻐할 수 있습니까?

❷ 여러분은 하나님이 여러분의 생명과 재물과 명예의 주인이라는 것을 어떤 행동으로 인정하고 있습니까?

04 엘리의 아들들과 사무엘

| **본문** 사무엘상 2:12-26

| **외울말씀** 엘리의 아들들은 행실이 나빠 여호와를 알지 못하더라 (12절)

도입을 위한 글

신앙의 열심이 언제나 계속될 수 있는 것은 아니며, 최상의 묵상이 일관성 있게 지속되는 것도 아니다. 인간의 죄성 때문에 때로는 세속적인 것들로 마음이 기울어져 타락한 인생의 짐을 지고 가야할 때가 있다. 죽을 수밖에 없는 육신을 입고 있는 한, 마음이 우울해지고 곤고해지는 것은 피할 수 없다. 때로는 영적인 훈련과 묵상에 전적으로 마음을 쏟지 못하게끔 방해하는 육신 때문에 통곡할 때도 있을 것이다. 이럴 때일수록 열심히 선한 행동을 실천해서 새 힘을 공급받아야 한다. 하늘의 위로를 기다리면서 흔들림 없는 올곧은 인내로 견뎌야 한다. 갈급함과 고역이 다 지나고 나면, 우리는 모든 근심에서 놓임을 받게 될 것이다. -토마스 아 켐피스, 「그리스도를 본받아」

도입을 위한 질문

❶ 영적인 침체로 인해 신앙의 수렁에 빠졌던 경험이 있습니까? 그때의 상황과 그 일을 극복하게 된 계기를 나눠보십시오.

❷ 우리의 마음을 빼앗고 타락하게 하는 세속적인 것들은 무엇입니까?

본문 질문

❶ 엘리의 아들들은 제사장이었지만 행실이 나빴습니다. 행실이 나빴던 근본적인 원인은 무엇입니까?(12절)

* 알지 못하더라(12절): 강한 부정의 뜻이다. 여기서의 앎은 경험으로서의 앎(히브리어로 야다)을 뜻한다.

❷ 엘리의 아들들의 죄는 여호와 앞에서 매우 컸습니다(17절). 그들은 어떻게 여호와의 제사를 멸시했습니까?(13-16절)

* 관습(13절): 모세오경에 규정된 제사장의 절차(레 7:30-34)와 완전히 달랐다. 엘리의 아들들은 세 가지 측면에서 잘못을 저질렀다. 첫째, 제사장 스스로 가장 좋은 부분을 선택하려고 했다. 둘째, 제사장은 삶은 고기를 먹어야 함에도 구운 고기를 먹으려고 했다. 셋째, 기름을 제사용으로 내놓지 않았다.
* 세 살 갈고리(13절): 청동으로 된 도구로, 손잡이에 3개의 긴 꼬챙이가 달려 있다.

❸ 엘리의 아들들이 마음껏 죄를 짓고 다닐 때, 사무엘은 무엇을 하고 있었습니까?(18절)

* 세마포 에봇(18절): 제사장만 입을 수 있는 옷으로, 세마포로 만든 앞치마를 뜻한다. 사무엘은 수련생이었다.

❹ 사무엘의 부모는 어떻게 사무엘을 도왔으며(19절), 하나님은 이들에게 어떤 복을 내리셨습니까?(20-21절)

* 작은 겉옷(19절): 제사장이나 신분이 높은 사람이 입는 옷으로, 독특한 옷단으로 테두리가 장식되어 있었다. 사무엘을 향한 한나의 사랑과 염원을 볼 수 있다.

❺ 엘리는 늙었고, 엘리의 아들들의 죄악은 날로 심해졌습니다. 엘리의 아들들은 또 어떤 죄를 저지릅니까?(22절)

❻ 엘리는 아들들에게 뒤늦은 권면과 충고를 합니다. 엘리의 아들들은 아버지의 충고에 대해 어떻게 반응합니까?(25절)

* 이는 여호와께서 그들을 죽이기로 뜻하셨음이더라(25절): 엘리의 아들들의 귀를 막으신 분이 하나님이셨다는 뜻으로, 말씀을 깨닫고 순종하는 것도 주님의 은혜다.

❼ 행실이 나쁜 엘리의 아들들과는 달리 여호와를 섬겼던 사무엘은 어떻게 성장하고 있었습니까?(26절)

더 깊은 연구와 묵상을 위하여

❶ 하나님께서는 한나의 믿음을 보고 싶으셔서 한나의 태를 닫고 계셨던 것입니다. 여러분의 삶에도 여인의 불임과 같은 심각한 문제가 있습니까? 여러분은 그 문제를 믿음의 눈으로 해석하고 반응하고 있습니까?

❷ 같은 시간과 장소 안에서 두 종류의 사람들이 공존하며 살았습니다. 엘리와 엘가나, 엘리의 아들들과 사무엘을 비교하면서 무엇이 달랐는지 묵상해보십시오.

적용을 위한 글

이스라엘의 제사장인 엘리는 나이가 많고 늙었다. 그의 두 아들 홉니와 비느하스는 행실이 나쁜 자로서 하나님을 알지 못하는 자였다. 하나님을 가장 가까이에서 섬겼던 제사장이 하나님을 알지 못한다는 것은 참으로 가슴 아픈 일이다. 겉으로 보기에는 제사장의 옷을 입고 성소에 들락날락 했지만, 내면은 하나님과 전혀 관계없는 사람이었다. 뿐만 아니라 하나님을 알지 못하기에 하나님을 예배하는 일을 가볍게 여기고 멸시했다. 이러한 엘리의 두 아들들의 모습은, 당시 이스라엘의 모습을 대변하고 있다. 이스라엘이 하나님 앞에서 바알과 아세라를 섬기듯이, 그들은 회막 문에서 수종드는 여인들과 동침했다. 이 광경을 지켜보셨던 하나님의 마음은 찢어지는 듯했다. 이러한 엘리의 두 아들의 문제는, 바로 오늘날 우리의 문제일 수도 있다. 홉니와 비느하스가 판을 치는 이 시대에 하나님께서는 성전 한 켠에서 조용히 하나님을 섬겼던 사무엘과 같은 신실한 백성을 찾고 계신다.

적용 및 결단을 위한 질문

❶ 하나님을 경험적으로 알지 못하면 엘리의 아들들처럼 될 수 있습니다. 여러분은 기독교라는 종교에만 익숙해져 있습니까, 아니면 하나님을 삶 속에서 실제로 경험하고 있습니까?

❷ 엘리의 충고는 너무 늦었습니다. 여러분은 생활 속에서 저질러지는 죄악들을 대수롭지 않게 여기거나 그냥 타협하며 넘어가지는 않습니까?

05 충실한 제사장

본문 사무엘상 2:27-36

외울말씀 내가 나를 위하여 충실한 제사장을 일으키리니 그 사람은 내 마음, 내 뜻대로 행할 것이라 (35절a)

도입을 위한 글

1970년대 초, 미국의 알 메릭은 작은 가게에서 서프 보드(surf board) 제작을 시작했다. 그는 서프 보드를 제작할 때마다 기도하고, 그것에 성경 말씀을 기록했다. 오래 지나지 않아 세계 최고의 서퍼들이 그를 찾았고, 알 메릭은 탁월한 서프 보드 제작자로 알려지게 되었다. 그는 서프 보드에 대해 설명하기 전에 먼저 성경을 펴서 예수님을 전했다. 오늘날 '메릭 채널 아일랜드 서보드'(Merrick's Channel Islands Surboards)는 세계에서 가장 큰 서프 보드 제조회사가 되었다. 여러분은 삶의 제사장이다. 여러분의 직업은 강대상이며, 삶의 터전은 교회다. 순종함으로 첫발을 내딛고 삶의 자리를 성역화하자.

–장학일, 국민일보「겨자씨」

도입을 위한 질문

❶ 하나님 나라의 백성으로서 우리가 반드시 지켜야 할 것은 무엇입니까?

❷ 삶 속에서 제사장으로 살기 위해 힘써야 할 것은 무엇입니까?

본문 질문

❶ 하나님께서는 엘리의 조상 레위 지파가 어떻게 제사장 지파가 될 수 있었는지를 상기시켜 주셨습니다. 하나님께서 레위 지파를 제사장으로 삼으신 이유는 무엇입니까?(28절)

* 택하여(28절): 하나님의 무조건적인 선택을 말한다.

– 내가 그를 (　　　　　　　　　) 내 제사장으로 삼아

❷ 엘리 제사장이 하나님보다 더 중히 여긴 것은 무엇입니까?(29절)

❸ 하나님께서 존중히 여기는 자와 경멸하는 자는 각각 누구입니까?(30절)

* 경멸(30절): 깔보고 업신여기는 것을 말한다.

❹ 엘리 가정에 대한 하나님의 심판이 선언됩니다. 엘리 가문에 무엇이 없을 것이라고 했습니까?(31-32절)

❺ 엘리의 두 아들 홉니와 비느하스는 어떻게 된다고 하셨습니까?(34절)

* 그 일이 네게 표징이 되리라(34절): 엘리 가문을 향한 하나님의 진노가 엘리의 아들들의 죽음으로 드러나게 될 것이라는 말이다.

❻ 하나님은 자신을 위하여 누구를 일으키시겠다고 하셨습니까? 그의 특징은 무엇입니까?(35절)

* 이는 3중 예언이다. 첫째는 사무엘의 제사장직 승계, 둘째는 왕적 제사장인 다윗의 등극, 셋째는 영원하고 참된 대제사장(히 7:11)이신 예수 그리스도의 오심을 예언한 것이다.

❼ 하나님께서는 충실한 제사장을 위하여 무엇을 세우겠다고 하셨습니까?(35절)

* 하나님께서 통치하시는 하나님의 나라를 뜻한다.

더 깊은 연구와 묵상을 위하여

❶ 엘리의 제사장 직분은 전적인 하나님의 은혜였습니다. 하나님의 은혜를 망각하는 순간 교만의 싹이 트고, 직분을 이용해 자신의 유익을 구하게 됩니다. 여러분은 엘리처럼 직분을 남용하고 있지는 않습니까?

❷ 엘리 제사장은 그래도 성소를 지켰던 사람이었습니다. 하지만 그에게는 일상생활에 뿌리박힌 영성이 없었습니다. 여러분은 혹시 교회생활을 신앙생활의 전부라고 생각하고 있지는 않습니까?

적용을 위한 글

하나님의 백성으로 부르심을 받은 자들은 왕 되신 하나님만을 사랑하며 섬겨야 한다. 그러나 엘리와 엘리의 아들들은 하나님보다 세상을 더 사랑했다. 엘리의 아들들은 눈앞의 쾌락을 위해 하나님의 법을 어기고, 부모의 충고를 무시했다. 그리고 엘리는 자신의 재산과 두 아들을 하나님보다 더 사랑했다. 엘리 가문의 남자들은 겉모습만 제사장이었을 뿐, 하나님을 섬기지 않았던 것이다. 하나님은 입으로는 "주여! 주여!" 하면서도 그분의 뜻대로 행하지 않는 사람들을 싫어하신다. 하나님께서 기뻐하시는 사람은, 그분의 마음을 잘 알고, 또한 그분이 원하는 대로 행하는 사람이다. 이러한 사람만이 하나님을 진정으로 섬기는 충실한 제사장인 것이다. 사무엘은 어리지만, 하나님을 충실하게 섬겼기에 하나님을 기쁘시게 해드렸다.

적용 및 결단을 위한 질문

❶ 여러분이 하나님보다 더 사랑하는 것은 없습니까? 만약 있다면, 그것은 무엇입니까?

❷ 여러분 역시 왕 같은 제사장입니다(벧전 2:9). 대제사장이신 예수 그리스도의 충실함을 본받아 여러분도 충실함으로 하나님을 섬기고 있습니까? 여러분이 더 충실해지려면 무엇을 바꿔야 합니까?(35절)

06 선지자 사무엘

본문 사무엘상 3:1-21

외울말씀 여호와께서 임하여 서서 전과 같이 사무엘아 사무엘아 부르시는지라 사무엘이 이르되 말씀하옵소서 주의 종이 듣겠나이다 하니 (10절)

도입을 위한 글

요즘 교회에 대한 시비가 많다. 엄격해진 잣대는 교회에 대한 기대와 책임 때문이다. 교회가 가난할 때는 우호적이지만, 힘이 있어 보이는 지금 더 이상 양해 받을 여지가 없어 보인다. 많은 교회는 여전히 가난하지만, 교회는 마치 부자처럼 인식되고 있다. 일찍이 토마스 아퀴나스는 이런 말을 했다. "초대교회에는 '은과 금은 내게 없거니와 내게 있는 것을 네게 주노니 나사렛 예수 이름으로 일어나 걸으라'고 말하는 능력이 있었다. 그러나 오늘 우리 교회는 금으로 기둥을 만들고 대리석으로 바닥을 깔아 하나님의 집을 지었다. 은과 금은 이제 우리에게 너무 많이 있다. 그런데 문제는 나사렛 예수 그리스도의 이름이 능력을 잃었다." 교회의 타락은 거룩함보다 물질이 평가의 기준이 되면서 시작되었다. 연약함보다 힘을 숭상하고, 가난보다 부유함을 선택하면서 예수 그리스도의 마음을 소홀히 여기게 된 까닭이다. "너희 안에 이 마음을 품으라"(빌 2:5). —신경하, 국민일보「겨자씨」

도입을 위한 질문

❶ 대한민국의 영적 기상도는 어떠하다고 생각합니까?

❷ 이 시대를 위협하는 가장 큰 죄악은 무엇이라고 생각합니까?

본문 질문

❶ 엘리와 사무엘이 살던 시대는 영적으로 무엇과 무엇이 희귀한 시대였습니까?(1절)

* 이상(1절): 예언자를 통하여 백성들에게 나타내신 하나님의 계시와 뜻을 말한다.

❷ 엘리의 시력은 당시 지도자들의 영적 무감각 상태를 상징했습니다. 엘리의 시력은 어떤 상태였습니까?(2절)

❸ 영적 타락의 시대에도 하나님의 등불(영광)은 완전히 꺼지지 않았습니다(3절). 하나님은 사무엘을 몇 번이나 반복해서 부르셨습니까?(4-10절)

* 여호와의 전(3절): 실로에 있었던 성소를 말한다. '전'이라는 표현에는 어떤 건물이 있었던 것을 암시하나 구체적인 구조는 알 수 없다.
* 세 번째(8절): 메시지의 반복성은 그 메시지가 중요하기 때문이며, 진실하다는 것을 보여주는 것이다.

❹ 드디어 사무엘은 하나님과의 첫 대면을 합니다. 사무엘은 하나님의 부르심에 어떤 말로 대답합니까?(10절)

* 임하여 서서(10절): 하나님의 임재를 신인동형론적으로 표현한 것이다.

❺ 하나님께서는 사무엘에게도 엘리 집안에 행하실 심판을 알려주셨습니다(11-12절). 하나님께서 엘리 집안을 심판하시는 이유는 무엇 때문입니까?(13절)

* 두 귀가 울리리라(11절): 듣는 자들이 충격에 빠지며 두려워하게 될 것이라는 표현이다. "그것을 듣는 사람마다 무서워서 귀까지 멍멍해질 것이다"(표준새번역).
* 자청(13절): 스스로 청함을 말한다.
* 엘리의 아들들의 죄악상은 삼상 2:12-17을 참조하라.

❻ 사무엘은 하나님께서 보여주신 이상을 엘리에게 알리는 것이 두려웠습니다(15절). 하지만 결국 사무엘은 어떻게 행동합니까?(18절)

* 하나님의 말씀이 항상 듣는 사람들의 마음을 평안하게 만들지는 않는다.

❼ 이렇듯 사무엘은 선지자로서의 첫 사명을 잘 감당했습니다. 사무엘은 이스라엘 전역에서 선지자로서 활동했는데, 사무엘의 모든 말이 고스란히 이루어졌습니다. 그 이유는 무엇입니까?(19-21절)

더 깊은 연구와 묵상을 위하여

❶ 넘치는 신학교와 신앙서적들, 매스컴을 통해 쏟아지는 설교와 강의들, 요즘 대한민국은 신학과 신앙의 홍수 속에 빠져 있습니다. 그럼에도 우리나라는 왜 점점 더 혼돈과 무질서로 빠져들고 있습니까?

❷ 여러분은 하나님 앞에 설 때마다 "말씀하옵소서 주의 종이 듣겠나이다"(9–10절)라는 자세입니까, 아니면 "제가 말할테니 하나님께서 들으세요"라는 자세입니까?

적용을 위한 글

사사시대는 영적으로 암흑과 같은 시대였다. 사람들은 하나님을 떠나 자신을 왕으로 섬기며 욕심의 노예가 되어 있었다. 하나님의 말씀은 희귀한 것이 되었고, 하나님의 이상도 끊어진 지 오래였다. 성소와 제사장은 형식으로만 있었을 뿐, 지도자들은 영적으로 무감각해져 있었다. 마치 꺼져가는 등불과 죽어가는 식물처럼 하나님의 백성들은 죽어가고 있었다. 결국 하나님께서는 어둠의 시대를 밝힐 한 사람을 준비하셨다. 마치 황무지에 핀 백합화 같은 기적의 아이 사무엘을 통해 새 일을 준비하신 것이다. 하나님께서는 사무엘을 처음 만나 말씀하신 그날부터 철저한 순종을 훈련시키셨다. 자신을 먹여주고 입혀주며 돌보아주고 가르쳐준 스승의 집안이 몰락한다는 메시지를 전하라는 하나님의 말씀이 가혹하다고 생각할 수 있다. 그러나 사무엘은 훌륭하게 순종했다. 이처럼 하나님은 순종의 사람을 사용하신다. 하나님이 말씀하시면 나아가고, 멈추라고 하시면 멈추는 그런 사람을 사용하신다.

적용 및 결단을 위한 질문

❶ 하나님을 바라보는 여러분의 '영적 시력'과 하나님의 음성을 듣는 '영적 청력'은 어떤 상태입니까?

❷ 사무엘에게 있어서 하나님의 심판 메시지를 엘리에게 전한다는 것은 순종하기 어려운 일이었을 것입니다. 하나님께서 여러분에게 순종하기 어려운 것을 요구하실 때 여러분은 어떻게 반응합니까?

07 미신적 신앙

본문 사무엘상 4:1-11

외울말씀 하나님의 궤는 빼앗겼고 엘리의 두 아들 홉니와 비느하스는 죽임을 당하였더라 (11절)

도입을 위한 글

무당을 찾아간 사람이 두 손을 비비며 기도하는 모습을 보라. 그리스도인들이 하나님께 기도하는 모습보다 훨씬 더 경건하다. 굿을 잘하기 위해 용한 무당에게 희사하는 금액을 알아보라. 그리스도인들이 하나님께 바치는 헌금보다 훨씬 더 많다. 사람들이 용한 무당에게 받은 부적을 얼마나 소중하게 간직하는지 관찰해보라. 그리스도인들이 하나님의 말씀인 성경을 소중히 여기는 것보다 훨씬 더 귀하게 다룬다. 하지만 그들을 가리켜 어느 누구도 신앙인이라고 부르지 않으며, 미신을 좇는 자라고 말한다. 그렇다면, 미신과 신앙의 차이는 무엇인가? 미신은 인간이 돈이나 능력, 혹은 재주로 신의 마음을 달래서 자신의 목적을 성취하려는 것이다. 이런 경우에 '자신'은 결코 변하지 않는다. 즉, 자신은 그대로 있으면서 재주껏 신의 마음을 돌이키려는 것이 바로 미신의 특징이다. 이에 비해 신앙은 하나님을 변화시키려는 것이 아니라, 절대적인 그분의 말씀 앞에서 자신이 항상 변화되는 것을 의미한다. 따라서 하나님을 믿느냐 믿지 않느냐도 중요하지만, 어떤 믿음을 갖고 있느냐가 더 중요하다. 자신의 변화를 수반하지 않는 믿음이란 미신에 지나지 않기 때문이다. 우리는 자신이 변화해가는 참된 신앙의 소유자이기

> 보다 하나님을 달래고 얼러 자신의 목적만 성취하려는 미신적 신앙을 갖고 있지는 않은지 날마다 하나님 앞에서 성찰해야 한다.
>
> —이재철, 「청년아, 울더라도 뿌려야 한다」

도입을 위한 질문

❶ 자신은 변하지 않으면서 신의 마음을 돌이키려는 것이 미신입니다. 여러분의 신앙에는 미신적 요소가 전혀 없습니까?

❷ 최근에 작든지 크든지 실패를 경험했다면, 그것에 대해 서로 이야기해보십시오.

본문 질문

❶ 이스라엘과 블레셋 사이에 전쟁이 일어났습니다. 이스라엘과 블레셋은 각각 어디에 진을 쳤습니까?(1절)

* 아벡(1절): 헤스론에 가까운 곳으로 가나안 왕이 살던 땅이다. 예루살렘에서 서북 50km 지점으로, 샤론 평지에 위치해 있다.

❷ 블레셋과의 1차 전투에서 패배한 것은 이스라엘의 죄악에 대한 하나님의 심판이었습니다(2절). 하지만 이스라엘의 장로들은 패배의 책임을 누구에게 돌렸습니까?(3절)

* 하나님 없는 이스라엘의 무기력함을 여실히 보여주고 있다.

❸ 이스라엘의 장로들이 실로에 있는 언약궤를 전쟁터로 옮겨 온 이유는 무엇입니까?(3절)

* 장로들은 요단 강 도하사건을 생각하면서 언약궤 자체에 마술적인 힘이 있을 것이라고 믿었다.

❹ 언약궤가 진영에 들어올 때 이스라엘 백성들은 어떤 반응을 보였습니까?(5절)

* 땅이 울린 것은 하나님 임재의 상징이었다(시 97:4). 하지만 본문의 울림은 하나님의 임재로 인한 것이 아니라 인간이 인위적으로 만들어낸 울림이다.

❺ 언약궤는 오히려 역효과를 냈습니다. 언약궤가 이스라엘 진에 들어왔다는 소식을 들은 블레셋 사람들은 어떤 말로 서로를 격려합니까?(6–9절)

* 대장부가 되라(9절): "사나이답게 싸우자"(공동번역).

❻ 블레셋과 이스라엘 간의 2차 전투의 결과는 어떻게 되었습니까? 이스라엘의 전사자는 몇 명이며, 그들이 이용하려던 언약궤는 어떻게 되었습니까?(10–11절)

❼ 엘리의 두 아들은 언약궤를 이용해 한 몫 챙기려고 했습니다(4절). 하지만 결국 그들은 언약궤와 함께 어떻게 되었습니까?(11절)

더 깊은 연구와 묵상을 위하여

❶ 여러분은 아직도 종교의식(예배, 성찬식, 기도회, 금식, 찬양과 경배, Q.T. 등) 자체에 능력이 있다고 믿습니까? 그것들은 단지 하나님을 만나게 해주는 도구에 불과합니다. 여러분은 그런 의식들에만 만족합니까, 아니면 하나님으로 만족합니까?

❷ 5절의 울림현상은 분명 인간이 만들어낸 인위적인 조작이었습니다. 장로들과 제사장들(홉니와 비느하스)은 그것을 이용해 승리와 종교적 이득을 취하려 했습니다. 오늘날에는 이런 사람들이 없습니까?

적용을 위한 글

이스라엘 장로들은 미신적 신앙을 가지고 있었다. 블레셋과의 1차 전투에서 실패한 뒤, 그들은 언약궤를 가져오기로 결정했다. 그 옛날 여호수아가 요단 강물을 멈추게 했던 것이 언약궤 때문이라고 믿었기 때문이다. 그들은 언약궤의 능력이 다시 한 번 발휘되기를 간절히 소망했다. 그러나 이때 그들의 마음속에 하나님은 전혀 없었다. 아니, 하나님을 알아도 잘못 알고 있었다. 오직 전쟁에서 승리해야겠다는 자신들의 목적을 이루기 위해 하나님을 이용하려 했을 뿐이다. 이것은 미신적 신앙이다. 하나님은 이런 미신적 신앙을 가진 사람들에게 처절한 실패를 경험하게 하신다. 우리도 삶 속에서 이런 미신적인 태도를 가지고 있는지 모른다. 세상 사람들이 미신적 신앙을 갖는 것은 어쩌면 당연한 일일지도 모르지만, 하나님의 나라로 소속을 변경한 하나님의 백성들이 하나님을 미신으로 취급하는 것은 결코 있을 수 없는 일이다. 하나님은 이에 대해 크게 진노하신다. 우리는 하나님을 '하나님 되시도록' 섬겨야 한다.

적용 및 결단을 위한 질문

❶ 이스라엘 장로들은 언약궤를 이용하여 자신들의 목적을 이루려고 하는 미신적 신앙을 가지고 있었습니다. 여러분에게도 이런 미신적 신앙이 있지는 않습니까?

❷ 이스라엘의 패전은 하나님의 심판과 징계의 결과였습니다. 하나님의 백성이라고 무조건 승리하는 것은 아닙니다. 최근에 실패를 통해서 받은 교훈이 있다면 함께 나눠보십시오.

08 영적 비만

본문 사무엘상 4:12-22

외울말씀 또 이르기를 하나님의 궤를 빼앗겼으므로 영광이 이스라엘에서 떠났다 하였더라 (22절)

도입을 위한 글

최인호씨의 「상도(商道) 5」라는 책에 보면 이런 대목이 있다. "게으름에는 다음과 같은 허물이 있다. 부자면 부자라고 해서, 가난하면 가난하다고 해서 일을 하기 싫어한다. 추울 때는 춥다고 해서, 더울 때는 덥다고 해서 일을 하기 싫어한다. 시간이 이르면 이르다고 해서, 시간이 늦으면 늦었다고 해서 일을 하기 싫어하는 것이다. 그러므로 부디 게으르지 말아야 한다." 사람이 게으르기 시작하면 다른 대책이 없다. 모든 낙오(落伍)와 실패의 원인이 게으름에 있다고 해도 과언이 아니다. 따라서 스스로 게을러졌다고 자각하는 순간, 얼른 자기 자신에게 모진 채찍질을 해야 한다. 그렇지 않으면 남이 채찍을 들게 된다. 이 원리는 영적인 측면에도 해당되는 것이다. 영적 게으름은 영적 비만을 낳고, 영적 비만은 결국 우리를 향하신 하나님의 뜻을 이루지 못하게 한다.

도입을 위한 질문

❶ 만약 영적인 비만지수가 있다면, 여러분은 그 지수가 얼마나 됩니까?

❷ 여러분은 하루를 보내는 동안 하나님을 얼마나 생각하는지 함께 이야기를 나눠보십시오.

본문 질문

❶ 이스라엘이 전쟁에서 패하고 있을 때, 대제사장 엘리는 백성을 위해 아무것도 해주지 못합니다. 이처럼 엘리의 무능함을 보여주는 표현은 무엇입니까?(13, 15절)

❷ 엘리의 마음은 무엇 때문에 떨리고 있었습니까?(13절)

* 장로들과 엘리의 두 아들이 강제로 언약궤를 가져간 사건(3,4)을 참조하라. 언약궤 관리의 총책임자가 바로 엘리였다.

❸ 두 아들과 언약궤에 대한 소식을 들은 엘리는 결국 어떻게 되었습니까?(18절)

❹ 사무엘서 기자는 엘리의 비참한 죽음의 이유를 상징적으로 표현했습니다. 엘리가 자기 의자에서 뒤로 넘어져 죽은 까닭은 무엇 때문입니까?(18절)

* 비대(18절): 몸에 살이 쪄서 몸놀림이 날렵하지 못함을 뜻한다.

❺ 당시 엘리의 나이는 98세로, 그는 40년간 사사로서의 삶을 살았습니다. 하지만 엘리가 마지막으로 이 땅에 남긴 것은 무엇이었습니까?(18절)

❻ 엘리의 며느리도 조산하다가 죽게 됩니다. 이렇게 태어난 엘리의 손자 이름은 무엇이며, 그 뜻은 무엇입니까?(21절)

❼ 하나님의 궤를 빼앗긴 것은 무엇과도 같습니까?(22절)

* 하나님의 궤는 하나님 임재의 상징이었다.

더 깊은 연구와 묵상을 위하여

❶ 3만 4천명의 죽음, 언약궤의 빼앗김, 홉니와 비느하스의 죽음, 그리고 엘리의 죽음을 통해 하나님을 떠난 백성들의 최후를 직면해보십시오. 하나님의 통치를 거부하는 하나님의 백성의 최후에 대해서 아직도 의심합니까?

❷ 엘리가 마지막으로 이 땅에 남긴 것은 비대한 주검밖에 없었습니다. 여러분은 무엇을 위해 살고 있습니까? 또한 이 세상에 무엇을 남기기 위해 살고 있습니까?

적용을 위한 글

엘리는 육체적으로만 눈멀고 비대한 자가 아니었다. 그는 영적으로도 눈먼 자였다. 세상적 가치관에 사로잡혀 자신에게 이익이 되면 하나님의 말씀에 위배되는 일에도 눈을 감아버렸다. 그리하여 두 아들의 죄악에 눈을 감았고, 언약궤가 전쟁터로 나갈 때에도 눈감아 버렸다. 그는 하나님이 아닌 자신만을 위해 일하는 삯군 지도자였다. 결국 하나님은 이러한 엘리의 비정상적인 비대함을 심판하셨다. 또한 하나님은 언약궤를 빼앗기게 하심으로써 이스라엘을 더 이상 하나님의 백성으로 생각하지 않으시겠다는 상징적 메시지를 던져주셨다. 이를 통해 하나님의 말씀이 없는 백성, 그분의 말씀대로 살지 않는 백성은 더 이상 하나님의 백성이 아니라는 것을 보여주셨다. 우리는 하나님의 말씀에 절대적으로 순종함으로써, 풍성한 열매를 맺는 삶을 살아가는 하나님의 백성이 되어야 한다.

적용 및 결단을 위한 질문

❶ 엘리는 40년 동안을 영적 지도자의 자리에 있었지만, 하나님을 위해서 일하지 않았을 뿐만 아니라 악행을 일삼는 자신의 자녀들을 더 아꼈습니다. 결국 하나님은 엘리의 비대함을 심판하셨습니다. 오늘날 여러분의 모습은 어떻습니까?

❷ 이스라엘은 언약궤를 잃어버린 뒤, 하나님의 영광이 떠난 자신들의 참담한 영적 현실을 깨닫게 되었습니다. 혹시 여러분도 경건의 모양은 있으나 능력이 없는 상태는 아닙니까?

09 하나님의 손

본문 사무엘상 5:1-12

외울말씀 여호와의 손이 아스돗 사람에게 엄중히 더하사 독한 종기의 재앙으로 아스돗과 그 지역을 쳐서 망하게 하니 (6절)

도입을 위한 글

영국의 템스 강변에서 한 거지 노인이 낡은 바이올린을 연주하며 구걸하고 있었다. 하지만 사람들은 그 거지 노인에게 관심을 갖지 않았다. 그때 한 관광객이 그를 측은히 바라보며 말했다. “지금 제게 돈은 없습니다. 하지만 제가 바이올린을 좀 다룰 줄 압니다. 어르신 대신 제가 몇 곡만 연주해 드리면 안 되겠습니까?” 거지 노인은 바이올린을 건네주었고, 곧 연주가 시작되었다. 놀라운 선율이 흘렀다. 그 연주를 듣고 많은 사람들이 모여들었고, 순식간에 돈이 수북하게 모아졌다. 연주가 끝나자 뜨거운 박수가 터져 나왔다. 그때 “저 사람은 바로 파가니니다!”라고 누군가 소리쳤다. 아무리 낡은 바이올린이라도 파가니니의 손에 들려지면 전혀 다른 악기가 된다. 우리의 삶도 이와 마찬가지이다. 내 손으로 내 인생을 연주하려고 하지 말자. 내 인생을 창조주되시고 전능자되신 하나님의 손에 맡기자. 하나님이 연주하시는 내 삶에서 흘러나오는 선율을 만끽하자.

도입을 위한 질문

❶ 최근에 하나님의 도움의 손길을 경험한 적이 있다면 서로 이야기해보십시오.

❷ 교만이란 무엇입니까?

본문 질문

❶ 블레셋은 승리에 도취되어 있었습니다. 그들은 하나님의 궤를 전리품으로 취급하고 자신들의 신전에 바치는 교만한 행동을 했습니다. 블레셋의 신은 무엇이었습니까?(1-2절)

* 다곤(2절): 가나안의 주신(主神)인 바알의 아버지로 여겨질 정도로 가나안에서 오래된 신이다. 당시에는 적의 신의 우상을 빼앗으면 완전한 승리로 여겼다.

❷ 결국 여호와의 궤 앞에서 다곤 신상의 몸통, 얼굴, 머리와 두 손목은 어떻게 되었습니까?(4절)

* 다윗 앞에 쓰러져 목잘림을 당한 골리앗을 상상하게 만드는 대목이다.

❸ 하나님의 손은 교만한 아스돗 사람과 그 지역에 어떤 재앙을 더하셨습니까?(6절)

* 종기(6절): 피부가 곪으면서 생기는 큰 부스럼을 말한다.

❹ 재앙을 당한 아스돗 사람들은 무엇이 자신들과 자신들의 신을 친다고 말합니까?(7절)

❺ 블레셋 사람들은 아스돗의 재앙에도 불구하고 여전히 하나님의 능력을 두려워하지 않았습니다. 그들은 오히려 가드의 신, 에그론의 신이 하나님을 이겨 줄 것이라 믿었습니다. 그 결과는 어떠했습니까?(8-12절)

* 아스돗의 다곤처럼, 블레셋 각 성읍에는 그들만의 성읍 신들이 있었다.

❻ 여호와의 손은 아스돗에서와 같이 가드와 에그론에서도 동일하게 역사했습니다. 하나님의 손이 어떠했기 때문입니까?(11절)

* 엄중(11절): 매우 무거운(very heavy), 곧 매우 엄했다라는 것이다.

❼ 블레셋 사람들은 자신들의 신보다 더 큰 신을 경험했음에도 불구하고, 끝까지 자신들의 신을 포기하지 않았습니다. 결국 법궤를 어떻게 하자는 결정만 내렸습니까?(11절)

더 깊은 연구와 묵상을 위하여

❶ 법궤를 전리품으로 여겼던 블레셋 사람들처럼, 여러분도 하나님을 자신의 전리품 정도로 생각하며 그렇게 취급하고 있지는 않습니까?

❷ 법궤를 원래 있던 곳으로 돌아가게 하려는 블레셋의 결정은 눈앞의 어려움만 피해보려는 발상이었습니다. 여러분도 하나님 앞에서 눈앞의 어려움만 피해보려고 행동하지는 않습니까? 근본적인 원인을 찾아내 해결해야 하지 않겠습니까?

적용을 위한 글

블레셋 사람들은 매우 교만했다. 하나님을 얕잡아보고 하나님의 궤를 이방 신전에 두었다. 결국 그들의 교만은 하나님의 손에 의해 보기 좋게 꺾였고, 그들이 의지하던 신은 하나님 앞에서 굴욕적인 모습으로 패했다. 이처럼 엄중하고 공의로우신 하나님의 손은 아직도 온 세상을 통치하고 있다. 하지만 우리의 눈에는 세상이 승리하는 것처럼 보인다. 세상 사람들의 일시적인 승리를 부러워하지 말자. 그들의 승리는 일시적이며, 풀의 꽃과 같이 사라질 것을 승리라고 착각할 뿐이다. 하나님을 믿는 우리의 승리는 이 땅에서의 승리가 아니다. 영원한 승리, 보이지 않는 승리이며 이생에서의 승리가 아니라 저생에서의 승리이다. 그러므로 우리는 어떠한 일이 있어도 두렵고 겸손한 마음으로 하나님의 손을 의지해야 한다.

적용 및 결단을 위한 질문

❶ 혹시 세상적인 승리에 도취되어 하나님을 무시하고 교만하게 행하고 있지는 않습니까?

❷ 하나님의 손은 능력의 손입니다. 여러분은 그분의 손을 의지하며, 그분의 능력을 경험하고 있습니까?

10 여전히 '우연히'

본문 사무엘상 6:1-18

외울말씀 벧세메스 사람들이 골짜기에서 밀을 베다가 눈을 들어 궤를 보고 그 본 것을 기뻐하더니 (13절)

도입을 위한 글

얼마 전 뉴욕타임즈는, "정보기술(IT) 강국인 한국 사회에서 무속신앙이 부활하고 있다. 한국의 무속인 수가 30만 명에 이르며, 연평균 수입이 2조원 이상이다"라는 기사를 냈다. 신문의 띠점이나 오늘의 운세는 이제 평범한 것이되었고, 쇼핑몰이나 거리에서는 사주카페도 쉽게 찾아볼 수 있다. 문제는 그리스도인들도 이러한 것들에 대해 '단순히 재미로 하는 것이고, 금방 잊어버리는데 뭐 어때?'라고 생각한다는 것이다. 요즘은 점술이나 주술 자체에 논리와 통계를 부여하므로 뭔가를 맞추는 것 같아 신빙성이 있어 보인다. 하지만 점술과 주술은 하나님의 참된 계시 없이 형성된 세계관과 신화에 근거하기 때문에 사람들에게 일시적인 번영과 성공, 위안을 줄 뿐이다. 실제로 점술과 주술 안에는 생명이 없고, 참된 진리도 들어 있지 않다. 하나님께서 하시는 모든 일은 사람이 측량할 수 없고(전 3:11), 인생의 길은 절대적으로 하나님의 주권 안에 있다.

도입을 위한 질문

❶ 여러분은 점이나 사주를 의지해본 경험이 있습니까?

❷ 여러분의 지식이나 생각은 성경적 가치관과 세계관으로 얼마나 무장되어 있습니까?

본문 질문

❶ 블레셋 사람들은 국가적 재앙을 해결하기 위해 누구를 불러 물어봅니까?(1-2절)

* 복술자(2절): 주문, 예언, 마술적 절차 등에 대해 숙련된 사람이다.

❷ 제사장들과 복술자들이 제시한 속건제에 사용될 금 독종 다섯과 금 쥐 다섯 마리는 무엇을 대표하는 숫자입니까?(4절)

❸ 제사장들과 복술자들은 블레셋의 국가적 재앙을 어떤 역사적 재앙에 비교했습니까?(5-6절)

* 쥐의 형상(5절): 고대 근동의 미술에서 흔하게 사용되었던 동물 형상이다.

❹ 이방 종교 지도자들은 법궤를 실은 새 수레를 끌고 갈 소를 어떤 소로 준비하라고 했습니까?(7절)

* 젖 나는 소(7절): 송아지를 출산한지 얼마 되지 않은 암소를 말한다. 새끼를 떼어놓는다는 것은 동물의 본능으로서는 불가능한 것이다.

– (　　　　　)를 메어 보지 아니한 소

– (　　　　　) 나는 소

❺ 블레셋의 제사장들과 복술자들은 암소들이 벧세메스로 가지 않으면 재앙이 어떻게 일어난 것으로 판단하겠다고 합니까?(9절)

* 여호와의 역사는 너무나도 확실했지만, 이방 종교 지도자들은 여전히 여호와의 능력의 손을 의심하고 있었음을 보여준다.

❻ 하나님은 블레셋 사람들에게 당신의 뜻을 확실히 보여주셨습니다. 수레를 끄는 암소들은 울면서 좌우도 안 돌아보고 어디로 직진합니까?(12절)

* 짐승의 본능까지도 다스리시는 창조주, 하나님의 권능을 엿볼 수 있다.

❼ 여호와의 궤를 맞이한 벧세메스 사람들은 어떤 반응을 보였으며, 여호와께 무엇을 드렸습니까?(13–15절)

* 벧세메스(13절): 이스라엘과 블레셋의 접경 지역으로, 소렉 골짜기를 내려다보는 산등성이에 위치해 있다.

❽ 이 모든 광경을 지켜본 블레셋 다섯 방백은 아무 말 없이 어디로 갔습니까?(16–18절)

더 깊은 연구와 묵상을 위하여

❶ 창조주 하나님은 당신의 역사를 이루시기 위해 동물들의 본능까지도 제어하셨습니다. 성경의 다른 예들을 찾아보십시오(예를 들어, 창 2:19; 왕상 17:6 등).

❷ 하나님의 손이 역사하고 있다는 증거는 이미 충분합니다. 여러분은 아직도 여러분의 삶에 일어나는 일들이 우연이라고 의심하고 있지는 않습니까?

적용을 위한 글

블레셋 사람들은 하나님이 계신다는 것과 그분의 능력에 대해 어렴풋이 알고 있었다. 그러나 그 지식은 자신들의 세계관 안에 갇혀있는 지식이었다. 그들은 하나님을 자신들이 생각하는 지역신 개념으로만 이해하고, 계속해서 하나님을 지역신 취급했다. 이방적인 가치관으로 하나님을 알고 있었으므로 그들의 지식은 회개나 믿음으로 이어질 수 없었다. 우리도 이런 오류를 범할 수 있다. 세상적인 가치관의 틀에 하나님을 집어넣은 채, 나만의 하나님을 만들어 그 하나님을 섬기고 있을지도 모른다. 하나님은 온 세상의 주인이시며 왕이시다. 그러므로 하나님을 우리의 틀 안에 가두어서는 안 된다. 우리는 성경을 통해 계시된 하나님을 명확하고 뚜렷하게 알고 배워야 한다. 그리고 그 하나님을 신뢰하고 순종해야 그 믿음이 우리를 구원할 것이다.

적용 및 결단을 위한 질문

❶ 블레셋 사람들은 하나님의 존재나 능력을 알고 두려워했지만, 그분께 순종하지는 않았습니다. 여러분도 순종하지는 않으면서 말과 생각으로만 하나님을 섬기고 있지는 않습니까?

❷ 하나님의 궤(하나님의 임재, 말씀)를 진심으로 환영했던 벧세메스 사람들처럼, 여러분도 하나님의 말씀에 기뻐하고 있습니까?

11 미스바의 열매, 에벤에셀

본문 사무엘상 6:19–7:17

외울말씀 사무엘이 돌을 취하여 미스바와 센 사이에 세워 이르되 여호와께서 여기까지 우리를 도우셨다 하고 그 이름을 에벤에셀이라 하니라 (7:12)

도입을 위한 글

어부가 직업인 젊은이가 있었다. 그는 그리스도인이었다. 불행히도 그의 할아버지와 아버지가 바다에서 목숨을 잃고 말았다. 하지만 그 젊은이는 장례식을 마치고 비장하게 다시 바다로 고기잡이를 나가려 했다. 친구들이 그를 강력히 말리자, 그 젊은이는 친구들에게 이런 질문을 했다. "너의 할아버지는 어디서 돌아가셨니?" 한 친구가 대답했다. "병원에서." 그러자 젊은이가 말했다. "그러면 너는 병원이 무섭다고 다시는 병원을 가지 않겠네. 우리 그리스도인들은 운명을 믿지 않아. 그러므로 나는 다시 나의 사명지인 바다로 갈거야. 그곳에서 사랑을 노래하다가 언젠가는 나도 바다에서 죽게 되겠지." 이것이 바로 그리스도인의 삶의 자세이다. 주인되신 예수님으로 인해 평화를 누리고, 나에게 맡기신 사명을 성취하기까지 순종하며 살아야 한다. 우리는 시간적으로 세 가지를 믿고 산다. "과거는 에벤에셀을! 현재는 임마누엘을! 미래는 여호와 이레를!"

도입을 위한 질문

❶ 에벤에셀, 임마누엘, 여호와 이레의 뜻은 각각 무엇입니까?

❷ 이 세 가지의 단어 중에서 여러분의 마음에 가장 와 닿는 것은 무엇입니까?

본문 질문

❶ 하나님은 왜 벧세메스 사람 (오만) 칠십 명을 살륙하셨습니까?(19절)

* 그들은 언약궤를 부적처럼 생각했지만, 하나님은 당신에 대한 존중을 기대하셨다.

❷ 벧세메스 사람들은 재앙이 오자 이방인들과 동일하게 반응했습니다. 자신들의 잘못을 뉘우치지 않고 그저 무엇하기만 바랬습니까?(20-21절)

❸ 여호와의 궤가 기럇여아림에 있는 동안 이스라엘 온 족속은 누구를 사모했습니까?(2절)

* 기럇여아림(2절): 유다 안에 있었던 성이다. 벧세메스 북동쪽 11km 지점으로 기브온과 가까웠다.

❹ 사무엘은 백성들의 영적 각성을 촉구했습니다. 사무엘은 회개하려면(돌아오려거든) 무엇을 제거하고 무엇을 해야 한다고 말합니까?(3–4절)

* 아스다롯(3절): 바알의 배우자로, 아세라와 동일한 다산의 여신이다.

❺ 백성들은 사무엘의 촉구에 어떻게 반응했으며, 또한 사무엘과 함께 미스바에서 무엇을 했습니까?(4–6절)

* 미스바(5절): 베냐민 지파의 영토 안에 있던 미스바를 가리키며, 예루살렘 북쪽 13km 지점에 위치해 있었다. 사무엘은 선지자, 제사장, 사사의 역할을 겸했다.

❻ 블레셋은 미스바에 모여있는 이스라엘 백성들을 기습적으로 공격했습니다(7절). 그때 사무엘과 백성들은 두려웠지만 여호와께 부르짖었습니다(8-9절). 하나님은 그들을 어떻게 도우셨습니까?(10절)

* 블레셋이 선제 기습 공격한 이유는 미스바 집회를 이스라엘의 전쟁 출정식으로 오해했기 때문이다.
* 큰 우레(10절): 신의 임재를 상징한다. 신이 적들을 심판할 때 사용하는 도구로서, 가나안에서 우레의 신은 바알이었다. 하나님께서 진정한 우레의 신임을 증명하신 것이다.

❼ 사무엘은 승전 기념탑을 미스바와 센 사이에 세웠습니다. 그 돌의 이름과 의미는 무엇입니까?(12절)

❽ 사무엘이 이스라엘을 다스리는 동안 이스라엘에는 어떤 일들이 일어났습니까?(13-17절)

* 사무엘의 통치는 제사와 중보기도가 거의 전부였다. 블레셋의 굴복, 회복, 평화 등의 단어에 주목해보라.

더 깊은 연구와 묵상을 위하여

❶ 여호와의 궤를 들여다 본 것은 하나님을 가볍게 여기고 자신들의 지적 호기심을 채워보고자 하는 속셈이었습니다. 기독교를 종교적 부적처럼 생각할 때에는 어떤 행동을 할 수 있습니까?

❷ 하나님만을 예배하고 의지하는 곳에 하나님의 나라(통치)가 실현됩니다. 하나님의 나라에는 회복과 평화(샬롬)가 가득합니다. 여러분의 삶의 영역에는 회복과 평화가 있습니까?

적용을 위한 글

벧세메스 사람들의 가치관 역시 이방 블레셋과 다를 바 없었다. 그들은 언약궤를 기뻐한 이유가 하나님께 있지 않았다. 전쟁터에 언약궤를 가져와 승리하려고 했을 뿐이었다. 즉 언약궤를 주술적인 힘을 가진 부적 정도로 여겼던 것이다. 그래서 그들은 구경하듯이 언약궤를 들여다보았던 것이다. 한편, 이스라엘 사람들은 언약궤 사건을 통해 큰 교훈을 받고 회개했다. 그들은 사무엘의 지도 하에 금식하고 회개하며 기도했다. 블레셋이 쳐들어와도 하나님만을 의지했다. 언약궤 사건을 통하여 하나님을 의지하는 법에 대해 배우게 된 것이다. 그때 하나님은 그분의 방법으로 문제를 해결해주셨다. 하나님은 하나님만을 의지하고 의존하는 사람을 보호해주신다. 그러므로 하나님을 의지하고 존중하는 사람만이 그분의 백성이 될 자격이 있다.

적용 및 결단을 위한 질문

❶ 여러분도 벧세메스 사람들처럼 자신의 생각과 태도는 고치지 않고 환경이 바뀌기만을 원하지는 않습니까?

❷ 진정한 회개는 말과 생각에서만 그치는 것이 아니라 버리고 내려놓는 것입니다. 여러분이 버리고 내려놓아야 할 것은 무엇입니까?

12 우리의 왕

본문 사무엘상 8:1-22

외울말씀 백성이 사무엘의 말 듣기를 거절하여 이르되 아니로소이다 우리도 우리 왕이 있어야 하리니 (19절)

도입을 위한 글

프랑스의 황제 루이 14세는 베르사유 궁전을 완성하고 프랑스의 권위를 세계에 널리 떨쳤다. 하지만 그는 철저한 가톨릭 신자여서 신교를 박해했다. 특히, 신교의 대표자 세오졸프를 '칙령 거역죄'라는 죄목으로 파리탑 위의 감옥에 가뒀다. 그해 부활절, 루이 14세는 황제의 위엄을 갖추고 호화찬란한 부활절 행렬대를 거느리고 파리 시가에 나서려고 했다. 그 광경을 파리탑 감옥에서 지켜보던 세오졸프는 영감을 받아 이 찬송을 큰 소리로 불렀다. "할렐루야 우리 예수 왕의 왕이 되시고 우리들의 중보되신 성령 증거하시네." 이때 루이 14세의 귀를 울린 대목이 '왕의 왕'이라는 부분이었다. 큰 충격을 받은 루이 14세는 곧장 세오졸프를 석방하고 신앙의 자유를 선포했다고 한다. 세상에서 자신을 최고의 왕으로 생각했던 것을 회개한 것이다.

도입을 위한 질문

❶ 자신을 최고의 왕으로 생각했던 루이 14세의 모습이 여러분의 모습과 닮은 점이 있다면 무엇입니까?

❷ 세상에는 다양한 정치 제도가 있습니다. 가장 성경적인 정치 제도는 무엇입니까?

본문 질문

❶ 사무엘의 두 아들 요엘과 아비야는 사사가 되어 어떻게 나라를 다스렸습니까?(3절)

❷ 불만이 생긴 이스라엘 장로들은 사무엘에게 어떤 개혁을 요구합니까?(5절)

❸ 왕을 요청한 장로들의 행동에 대해 사무엘과 하나님은 어떻게 생각합니까?(6–7절)

– 사무엘(7절):

– 하나님(7절):

❹ 하나님은 출애굽 시대부터 사무엘 시대까지 이스라엘 백성들이 하나님을 어떻게 대우했다고 하셨습니까?(8절)

❺ 하나님은 사무엘을 통해 왕정제도에 대한 불편과 손해에 대해 설명하셨습니다(9-17절). 한마디로, 왕정제도는 백성들이 왕의 무엇이 되는 제도였습니까?(17절)

❻ 사무엘을 통해 선포된 하나님의 말씀에 대해 백성들은 어떤 반응을 보입니까?(19-20절)

* 장로들과 백성들은 사무엘 이후를 걱정했다. 왕을 중심으로 강력한 상비군을 운영할 수 있는 안전한 제도를 원했던 것이다.

❼ 하나님은 최종적으로 왕의 제도를 어떻게 하셨습니까?(22절)

* 때때로 하나님은 우리의 요청과 결정이 선한 것이 아닌 줄 알면서도 허용하실 때가 있다. 그 이유는 우리의 계산대로 선택하고 결정한 결과가 어떤 것인지를 배우도록 하기 위해서이다. 따라서 어떠한 경우에도 하나님을 원망해서는 안 된다.

더 깊은 연구와 묵상을 위하여

❶ 훌륭한 지도자의 자녀들이 잘못되는 수가 많습니다. 엘리처럼 사무엘도 자녀를 훈련시키는 일에 미흡했습니다. 바른 자녀 양육을 위한 지혜와 믿음과 인내심을 갖기 위해 여러분은 무엇을 힘쓰고 있습니까?

❷ 여러분의 안정감은 하나님이 나의 왕이 되신다는 것을 믿는 믿음에서 생깁니까, 아니면 돈이나 사람의 인정이나 미래를 보장해주는 다른 것에서 생깁니까?

적용을 위한 글

사무엘로 인해서 이스라엘에 모처럼 평화가 찾아왔지만, 그 평화는 잠시뿐이었다. 사무엘의 두 아들이 사사가 되면서 평화가 깨지고 말았다. 그들의 탐욕과 부정 때문에 불만이 커졌고, 국방도 불안해졌다. 그래서 백성의 장로들은 왕의 제도를 강력히 요구했고, 이것은 결국 상비군을 운영하자는 이야기였다. 눈에 보이지 않는 하나님만 의지하는 것은 터무니없는 것이라는 그들의 불신앙에서 나온 제안이었다. 이는 곧 하나님을 왕으로 인정하지 않겠다는 배신적인 행동이었다. 그리스도인은 하나님을 왕으로 모시는 사람들이며, 하나님의 주되심과 왕되심을 생활전반에서 인정하는 사람들이다. 따라서 삶의 구체적인 부분까지 하나님의 통치를 받아야 한다. 하나님의 말씀대로 실천하고, 하나님의 지시대로 선택해야 하는 것이다. 또한 우리는 눈에 보이는 세상의 것을 부러워하지 말고, 눈에 보이지 않아도 계속해서 하나님만을 의지해야 한다.

적용 및 결단을 위한 질문

❶ 그리스도인은 예수님의 주되심을 인정하는 사람들입니다. 여러분은 주님을 의지하지 않고 어떤 환경이나 사람, 혹은 제도가 바뀔 것만을 주장하고 있지는 않습니까?

❷ 백성들은 사무엘을 통해 선포된 하나님의 말씀을 거부하고 자신들의 방법만을 고집했습니다. 이런 백성들의 고집스러운 모습이 여러분의 모습은 아닙니까?

13 왕이 될 사울

본문 사무엘상 9:1-14

외울말씀 그들이 성읍으로 올라가서 그리로 들어갈 때에 사무엘이 마침 산당으로 올라가려고 마주 나오더라 (14절)

도입을 위한 글

얼마 전 음악회에 다녀왔다. 연주가 다 끝나자 관객은 "앙코르"를 연호했다. 오케스트라는 두 곡을 더 연주했다. 관객의 박수는 이어졌다. '이제 한 곡 더 연주하려나?' 하는 순간 지휘자는 연주자들과 함께 퇴장했다. '이렇게 열광하는데 한 곡만 더 연주해 주지, 왜 냉정하게 관객의 청을 거절했을까….' 못내 아쉬웠던 마음을 평소 알고 지내는 지휘자에게 털어놨더니 이유는 한 가지! 앙코르 곡으로 연습한 곡이 더 없기 때문이란다. 아무리 훌륭한 오케스트라일지라도 충분한 연습이 이뤄지기 전에는 연습곡을 무대에 올리는 법이 없다. 그저 관객의 박수 소리에 취해 나섰다가는 낭패를 볼 수 있기 때문이다. 오케스트라뿐만 아니다. 신앙과 인생에도 준비가 필요하다. 준비된 자만이 인생의 위기를 기회로 바꾸고, 하나님께서 주시는 은혜의 물줄기를 마음껏 담아낼 수 있다. 준비하는 것이야말로 하나님의 복을 우리의 복으로 바꾸는 비결이다.

—권오성, 국민일보 「겨자씨」

도입을 위한 질문

❶ 여러분의 장점과 단점은 무엇입니까?

❷ 여러분과 가장 가깝다고 생각되는 사람 5명의 이름을 적어보십시오.

본문 질문

❶ 이스라엘의 초대 왕이 될 사울의 집안 배경과 외모를 정리해보십시오(1-2절).

* 출신, 아버지, 재산, 외모, 신장 등의 항목으로 정리해보라. 고대 근동 사람들은 왕의 신장과 외모를 매우 중시했다. 왜냐하면 초기의 왕들은 모두 군사 지도자들이었기 때문이다.

❷ "암나귀들을 찾으라"는 아버지의 지시에 대한 사울의 반응을 통해서 우리는 사울의 성품과 심성을 엿볼 수 있습니다. 사울은 어떤 성품과 심성을 가지고 있었습니까?(3-5절)

* 아버지의 지시를 경청하고, 지시를 완수하기 위해서 끝까지 최선을 다하는 모습을 볼 수 있다(총 3일 동안 96km 정도를 걸어다님). 걱정하실 아버지를 생각하는 모습에 집중해서 관찰해보라.

❸ 숩 땅까지 이른 사울에게는 누구와의 운명적인 만남이 기다리고 있었습니까?(6, 14절)

* 하나님의 사람, 존경을 받는 사람(6절): 사무엘을 설명하는 표현이다. 사울이 사무엘의 명성에 대해서 잘 모르고 있었다는 것은 특이한 점으로, 사울은 그만큼 영적으로 정치적으로 고지식했었다.

❹ 사울은 하나님의 사람에게 드릴 예물에 대해 고민했습니다. 사울이 사환과 상의한 끝에 준비한 것은 무엇입니까?(7-9절)

* 세겔(8절): 일반적인 근로자는 하루 품삯으로 1/4세겔을 받았다. 잃어버린 나귀의 가치와 비교해서 책정했다.

❺ 사울과 사환은 사무엘이 있는 성읍으로 올라가던 중 누구를 만나 사무엘에 대한 중요한 정보를 들었습니까?(10-11절)

❻ 사울이 사무엘을 만나러 갔던 그 날은 마침 무엇이 드려지던 날이었습니까?(12절)

* 사무엘의 고향 라마에 있었던 제단이 중앙성소의 역할을 감당했다. 사울이 도착한 날은 월삭을 드리는 날이었다.

 |

❼ 사울과 사환이 산당으로 들어가려 할 때 사무엘은 무엇을 하고 있었습니까?(14절)

더 깊은 연구와 묵상을 위하여

❶ 모든 사람은 하나님 앞에서 동등합니다. 하지만 하나님께서는 공동체에 질서와 권위를 허락하시고, 그에 대해 순종하라고 하셨습니다(엡 5:21–6:9). 권위자에 대한 순종은 곧 하나님의 왕되심에 순종하는 연습입니다. 여러분이 순종해야 할 권위자들은 누구인지 공동체별로 정리해보십시오.

가정/가문		교 회	
직 장		기 타	

❷ 사울이 이스라엘의 초대 왕이 되기까지 사울의 주변 사람들(기스, 사환, 물 긷는 소녀, 사무엘 등)은 소중한 역할을 감당했습니다. 여러분은 주변 사람들을 소중히 여기며 잘 대하고 있습니까?

적용을 위한 글

이스라엘은 사무엘에게 왕을 요구했다. 그것은 하나님을 버리고 더 이상 왕으로 모시지 않겠다는 배은망덕한 요구였다. 그럼에도 하나님은 왕을 허락하셨고, 이스라엘의 초대 왕으로 사울을 준비시키셨다. 사울은 유력한 집안의 준수한 외모를 소유한 자로 초대 왕이 되기에 충분한 자질이 있었다. 그는 아버지의 권위에 순종할 줄 알며, 자신에게 맡겨진 일에 최선을 다하는 청년이었다. 또한 하나님의 사람에게 존경을 표할 줄 아는 몸과 마음이 건강한 자였다. 그는 나귀를 찾아 오라는 아버지의 부탁에 순종했고, 그 작은 순종이 커다란 역사를 일으키는 기회가 되었다. 나귀를 찾는 일은 곧 왕이 되기 위한 준비였던 것이다. 이처럼 우리도 우리의 삶의 현장 속에서 하나님이 맡기신 작은 일들에 충성을 다하면, 그 작은 충성이 큰 기적을 일으키게 될 것이다.

적용 및 결단을 위한 질문

❶ 사울은 암나귀를 찾아오라는 아버지의 부탁을 이뤄드리기 위해 끝까지 최선을 다했습니다. 하나님께서 여러분에게 부탁하신 것들은 무엇입니까?

❷ 인생에서 일어나는 여러 가지 어려움들 또한 하나님의 시간표 안에 있음을 인정합니까?

14 사무엘을 만난 사울

본문 사무엘상 9:15-27

외울말씀 사무엘이 사울을 볼 때에 여호와께서 그에게 이르시되 보라 이는 내가 네게 말한 사람이니 이가 내 백성을 다스리리라 하시니라 (17절)

도입을 위한 글

얼마 전, 성도가 1만 명이 넘는 교회의 장로헌신예배에 설교자로 초청을 받았다. 그 교회는 담임목사님과 원로목사님이 훌륭하신 것도 유명하지만, 사회적으로 영향력 있는 성도들이 많은 교회로도 유명하다. 식사를 하면서 그 교회의 존경받는 어느 장로님에 관한 이야기를 들었다. 그 장로님은 토요일이면 교회에 나오셔서 젊은 교역자들의 구두를 모아 깨끗하게 닦아주신다는 것이었다. 동료 장로님들은 '교회의 보배 같은 장로님'이라며 존경과 칭찬을 아끼지 않으셨다. 나도 얼마나 감동을 받았는지 모른다. 아들뻘 되는 교역자들의 구두를 닦아주시면서 그들을 위해 기도하실 것을 생각하니 저절로 고개가 숙여졌다. '이렇게 겸손한 장로님이 계시니 교회가 능력 있고 민족과 열방을 위해 쓰임을 받는구나'라고 생각했다. 이처럼 겸손에는 놀라운 감동과 능력이 있다.

—정승룡, 국민일보「겨자씨」

도입을 위한 질문

❶ 겸손한 지도자를 보면 어떤 생각이 듭니까?

❷ 인생은 선택의 연속입니다. 여러분이 무엇인가를 선택할 때 주로 기준이 되는 것은 무엇입니까?

본문 질문

❶ 사울이 사무엘을 성문 앞에서 만난 것을 우연이 아니었습니다. 사울이 오기 전날, 하나님께서는 사무엘에게 무엇을 명하셨습니까?(15-16절)

❷ 사무엘은 하나님의 지시대로 사울을 맞이했습니다. 사무엘은 사울에게 암나귀에 대한 염려 대신 더 나은 염려를 하라고 말했습니다. 사무엘은 온 이스라엘이 사모하는 자가 누구라고 말해주었습니까?(17-20절)

❸ 사울은 자신과 자신의 집안을 어떻게 평가하고 있습니까?(21절)

❹ 사무엘은 젊은 사울을 하나님이 택하신 왕에 합당하게 대우했습니다. 사무엘은 사울을 어떻게 최상급으로 대우합니까?(22-24절)

* 넓적다리(24절): 고기의 가장 좋은 부분으로, 제사를 관장하는 제사장의 몫이었다.

❺ 그날 사무엘과 사울은 산당 객실에서 함께 무엇을 합니까?(24절b)

* 산당 객실은 성소의 보조 방(room)에 해당하는 곳이었다.

❻ 사무엘과 사울은 식사 후 성읍으로 들어가 지붕으로 갔습니다. 그들을 그곳에서 무엇을 합니까?(25절)

* 지붕(25절): 당시 가옥의 구조는 지붕이 견고하고 평평해 여러 용도의 생활공간으로 활용되었다.
* 담화(NIV; talked with): 서로 이야기를 주고 받는다라는 뜻이다. 옛 지도자와 새 지도자의 매우 의미 있는 대화로, 아마도 왕정제도에 대한 하나님의 뜻을 알려주었을 것이다.

❼ 다음 날 동틀 때 사울과 사환은 집을 향해 출발했습니다. 그때 사무엘은 사환을 앞서 보내고 사울을 따로 불러 무엇을 말합니까?(26–27절)

더 깊은 연구와 묵상을 위하여

❶ 본문에서는 갈급하게 찾고 사모하는 관계의 역순환적 고리를 발견할 수 있습니다. 그 고리를 완성해보십시오.

* 정상적인 관계 고리는 '만물 ➔ 인간 ➔ 구원공동체 ➔ 하나님' 순으로 되어야 한다. 하지만 본문에서는 하나님께서 이스라엘 백성들을 사모하신다. 하나님의 왕되심을 거부한 이스라엘을 향해 "내 백성"(16절)이라고 부르신 것을 보아 알 수 있다. 한편, 이스라엘은 사울을 사모하고 사울은 정작 암나귀를 사모하는 역순환의 고리가 형성되어 있다.

하나님 ➔ ( ) ➔ ( )과 기스 ➔ 나귀

(16절) (20절) (20절)

❷ 성숙한 사무엘과 미성숙한 사울은 함께 먹고 담화를 나누고 잠을 자며 하나님의 말씀을 나누는 공동체적 만남을 가졌습니다. 여러분의 삶에도 이런 영향력 있는 만남이 있습니까?

적용을 위한 글

하나님은 자신을 배신한 이스라엘을 여전히 사랑하사 "내 백성"(16절)이라 불러주시고 직접 왕까지 세워주셨다. 또한 사울이 사무엘을 만난 것은 결코 우연이 아니었다. 하나님이 미리 정해 놓으신 장소로 사울과 사무엘을 각각 불러내어 운명적인 만남을 갖게 하신 것이다. 성숙한 사무엘에게는 하나님의 계획을 직접적으로 말씀하셨지만, 미성숙한 사울은 암나귀라는 도구를 통해 이끌어 오셨다. 이를 통해 하나님의 섬세하신 손길을 보게 된다. 특히, 사무엘이 사울을 배려하는 모습은 매우 귀감이 된다. 나이가 많고 경험이 많은 지도자 사무엘은, 이제 자신의 때가 다했음을 알고 다음 지도자가 될 사울에게 겸손히 머리를 숙였다. 상석에 앉게 하고 특별 요리를 준비했을 뿐만 아니라 편안한 공간에서 담화를 나누고 잠자리도 제공했다. 그리고 특별히 불러 하나님의 말씀도 전해주었다. 이와 같이 사무엘은 처음부터 끝까지 순종한 하나님의 사람이었다. 하나님은 시종일관한 믿음의 모습을 기뻐하신다.

적용 및 결단을 위한 질문

❶ 본문에 나타난 사무엘과 사울의 공통점은 겸손했다는 것입니다. 여러분은 자신이 겸손하다고 생각합니까?

❷ 진솔한 대화는 마음과 마음을 이어주며, 우리 영혼의 가교 역할을 합니다. 여러분은 사람들과 대화를 잘하고 있습니까?

15 새 사람 사울

본문 사무엘상 10:1-16

외울말씀 그가 사무엘에게서 떠나려고 몸을 돌이킬 때에 하나님이 새 마음을 주셨고 그 날 그 징조도 다 응하니라 (9절)

도입을 위한 글

어거스틴은 교회사의 위대한 인물 중 하나지만, 그의 젊은 시절은 그리 본받을 만하지 않았다. 그는 한 여자와 동거 생활을 해서 아데오다투스라는 아들을 낳는 등 방탕한 생활을 했으며, 영적으로는 이단에 빠져 방황했다. 그러던 중 어거스틴은 밀라노에서 일생일대의 체험을 하게 된다. 암브로스의 설교를 듣고 회심을 한 것이다. 회심 이후 새 영을 공급받은 어거스틴은 기도와 말씀을 통해 하나님과 깊은 교제를 나누는 새 사람이 되었다. 어느 날, 그가 예전에 드나들던 술집에서 일하던 여인을 만났다. 그 여인은 "왜 요즘 저희 집에 들르지 않나요?"라며 유혹했다. 그러자 어거스틴은 "이전의 어거스틴은 죽고 나는 새 사람이 되었습니다"라고 대답했다고 한다. 그렇다. 우리는 세상에서 그리스도 안으로 소속을 옮긴 자들이다. 그리하여 그리스도를 통해 옛 사람은 죽고 새 사람이 된 자들이다(고후 5:17).

도입을 위한 질문

❶ 여러분은 요즘 자신이 속한 공동체에서 어떠한 마음 상태로 역할과 직분을 감당하고 있습니까?

❷ 성령충만과 말씀충만의 공통점과 차이점은 무엇입니까?

본문 질문

❶ 사무엘은 사울을 일대일로 만나 무엇을 합니까?(1절)

* 그의 기업(1절): 문맥상 하나님의 기업이라는 의미로, 이는 이스라엘을 말한다.

❷ 사무엘은 사울에게 세 가지 징조가 나타날 것이라고 했습니다. 그리고 그 징조들은 하나님께서 사울을 왕으로 세우신 증거가 될 것이라고 했습니다(2–5절). 그 중 세 번째 징조는 사울이 예언을 하고 변하여 새 사람이 되는 것입니다. 사울에게 무엇이 임할 때 이런 일이 일어날 것이라고 했습니까?(6절)

❸ 사울은 세 번째 징조가 나타나게 되면 어떻게 행동해야 했습니까?(7절)

❹ 하나님의 산에 머물면서 예언 활동을 하며 왕이 될 사울을 영접하기도 했던 사람들은 누구입니까?(5, 10절)

* 선지자의 무리는 사무엘에 의해 양성되었고, 당시 이스라엘을 이끌어간 영적 지도세력이었다.

❺ 하나님의 영이 임하고 새 사람이 된 사울의 마음은 어떻게 변했습니까?(9절)

❻ 사울은 새 사람이 되었지만, 이전부터 사울을 알고 있었던 사람들은 사울에 대해 질투하며 무엇이라고 비아냥거렸습니까?(11-12절)

❼ 사울은 그의 숙부를 만나 그동안의 일을 모두 이야기했습니다. 하지만 말하지 않은 것은 무엇입니까?(14-16절)

* 사울은 자신이 왕으로 피택된 일을 감추었다. 자랑하는 마음보다는 두려움과 떨림이 많았던 것 같다.

더 깊은 연구와 묵상을 위하여

❶ "사무엘이 말하던 나라의 일"(16절)은 하나님 나라의 일이었습니다. 하나님 나라의 일은 인간의 힘이 아닌 성령에 의해 진행됩니다. 지금 여러분이 하고 있는 일들은 성령과 말씀이 이끄시는 대로 진행되고 있습니까?

❷ 여러분의 직분, 은사, 체험, 깨달음에 대해 함부로 말하거나 자랑하며 우쭐해하지는 않습니까? 사무엘과 사울처럼 하나님의 일을 기다림과 신중함으로 감당하려면, 여러분의 어떤 모습이 변해야 합니까?(9:27, 10:8, 10:16 참조)

적용을 위한 글

하나님은 사울에게 기름을 부으시고, 그를 왕으로 준비시켜 나가셨다. 사울은 이러한 하나님의 인도하심에 묵묵히 순종하면서 그분의 일하심에 참여했다. 이를 통해 하나님의 이끄심과 인간의 순종함이 어우러져 아름다운 하나님 나라의 일이 이루어지는 것을 보게 된다. 하나님은 모든 것을 다스리시고 이끌어가시는 왕이시며 주인이시다. 우리는 그저 그분의 뜻에 순종하기만 하면 된다. 순종하는 마음이 새 마음이요, 말씀에 순종하는 것이 곧 성령충만이다. 그러므로 순종하고자 하는 자가 새 마음을 가진 자요, 성령의 이끌림을 받는 성령충만한 자인 것이다. 그런 사람은 신중하며 하나님의 시간표를 기다릴 줄 아는 사람이다. 자기 혼자 우쭐대며 자랑하거나 함부로 행동하지 않고, 그저 묵묵히 하나님의 말씀대로만 묵묵히 움직일 뿐이다. 하나님 나라의 일은 절대로 요란하지 않다는 것을 기억하라.

적용 및 결단을 위한 질문

❶ 여러분의 옛 성품과 자아로는 하나님 나라를 섬길 수 없습니다. 여러분은 사울처럼 하나님이 주시는 새 마음으로 변화를 받았습니까?

❷ 사울은 시종일관 사무엘의 지시에 순종합니다. 가라하면 가고 오라하면 옵니다. 하나님과 영적 지도자들의 말씀에 대해 여러분은 어떤 반응을 보이고 있습니까?

16 왕이 된 사울

| **본문** 사무엘상 10:17-27

| **외울말씀** 사무엘이 모든 백성에게 이르되 너희는 여호와께서 택하신 자를 보느냐 모든 백성 중에 짝할 이가 없느니라 하니 모든 백성이 왕의 만세를 외쳐 부르니라 (24절)

도입을 위한 글

초나라에 장 왕이 있었다. 그는 신하들의 도움으로 왕이 되었다. 그를 곁에서 지켜 본 신하들은 그가 왕이 되면 무언가 이룰 수 있을 것이라고 기대했다. 그러나 왕이 된 다음날부터 장 왕은 술을 먹기 시작했다. 게다가 그는 신하들에게 자신이 하는 일에 토를 달거나 반대하는 자는 죽이겠다고 말했다. 이에 신하들은 왕이 하는 것을 지켜볼 뿐이었다. 그렇게 3년이 흘렀다. 초나라는 국력이 쇠퇴해갔고, 사회 곳곳이 썩게 되었다. 이를 본 소종이라는 신하가 왕에게 가서 나라를 위해 일해줄 것을 말하기로 결심했다. 그는 부모와 아내와 자식들에게 하직 인사를 했다. 목숨을 건 그의 충정어린 발언에 왕은 그의 손을 꼭 잡으며 말했다. "왜 이제야 왔소. 내가 얼마나 그대를 기다리고 있었는지 아시오." 초나라의 장 왕도 그러했듯이 하나님은 사람을 찾으신다. 그렇다면, 하나님이 찾으시는 사람은 어떤 사람일까? 하나님의 눈은 이 땅을 두루 살피시면서 충성된 사람을 찾고 계신다. 왜 충성된 사람을 찾으실까? 하나님의 일에 쓰시기 위해서다. 하나님의 눈은 지금도 우리 가운데 충성된 사람을 찾고 계신다.

도입을 위한 질문

❶ 하나님이 찾으시는 사람의 명단 중에 여러분의 이름도 들어있을 것 같습니까?

❷ 여러분은 지도자들에 대해 대체적으로 긍정적입니까, 아니면 부정적입니까?

본문 질문

❶ 왕을 세워달라고 요구한 이스라엘 백성들의 진정한 왕은 하나님이셨습니다. 하나님은 과거에 이스라엘의 왕으로서 어떤 일들을 잘 감당하셨습니까?(17-19절)

❷ 하나님은 제비뽑기에서 어느 지파, 어느 가족, 누가 뽑히도록 인도하셨습니까?(20-21절)

❸ 제비뽑기를 통해 왕으로 뽑힌 사울은 정작 어디에서 무엇을 하고 있었습니까?(22절)

* 이미 하나님의 분명한 뜻을 알고 있었지만, 요리조리 피할 궁리만 하는 사울의 모습을 엿볼 수 있다.

❹ 사무엘은 사울을 백성들 앞에 세우고 지도자 승계를 선언했습니다. 이에 백성들은 사울을 향해 무엇이라고 외쳤습니까?(24절)

* 소명에는 개인적 확신이나 체험뿐 아니라 공동체의 확인 과정도 필요함을 보여준다.

❺ 하나님은 왕이 된 사울에게 누구를 붙여 주셨습니까?(26절)

* 유력한 자(NIV; valiant men): 용감한 사람, 씩씩한 사람, 영웅적인 용사를 말한다.

❻ 사울이 왕이 되는 것을 반대한 사람도 있었습니다. 그는 어떻게 반대했습니까?(27절)

* 불량배(27절): 벨리알의 자식들, 사악하고 부도덕하고 무가치한 무리들로, 신앙적으로는 배도자요 불경건한 자를 뜻한다. 이는 엘리의 아들들에게 붙여진 이름이기도 하다(삼상 2:12).

❼ 사울은 반대자들의 모욕과 멸시에 어떻게 반응합니까?(27절)

* 자신은 자격이 없다고 생각하는 겸손함이 있었다.

더 깊은 연구와 묵상을 위하여

❶ 하나님은 늘 언약을 갱신해주시는 은혜의 하나님입니다. 하나님과 이스라엘 사이에 왕 제도가 개입되었기 때문에 언약을 갱신해야 했습니다. 사무엘은 언약을 갱신하기 위해 책에 무엇을 기록합니까?(25절)

❷ 본문에서도 사울의 겸손을 발견할 수 있습니다. 본문에 나타난 사울의 겸손한 모습을 찾아서 정리해보십시오(22, 27절 참조).

적용을 위한 글

하나님은 이미 사무엘을 통하여 사울을 왕으로 삼으시겠다는 것을 알리셨다. 그러나 사울이 이스라엘의 온전한 왕으로 세움을 받게하기 위해서는 몇 가지 과정과 절차가 필요했다. 하나님은 친히 이 모든 과정에 관여하시며 당신의 대리자인 왕을 세워주셨다. 먼저 하나님과의 언약이 갱신되어야 했다. 시내산 언약은 하나님과 백성들 사이의 직접적인 언약이었는데, 이제는 하나님과 백성 사이에 왕 제도가 삽입되었다. 그래서 하나님은 언약을 친히 갱신해주셨다. 그리고 백성들에게 하나님이 직접 뽑은 왕이라는 공적 증거를 나타내기 위해 제비뽑기를 실시하도록 하셨다. 또한 전임 지도자인 사무엘의 인정과 승계가 필요했기에, 미스바 집회가 열리게 하셨다. 하나님은 이토록 당신의 백성 이스라엘을 사랑하시어 하나하나 인도하셨다. 하나님의 새 언약 아래에서 친백성이 된 우리 역시 이런 하나님의 돌보심 안에 있다. 그러므로 우리는 언제 어디서나 하나님의 친절하신 팔을 의지해야 한다.

적용 및 결단을 위한 질문

❶ 여러분이 삶의 현장 속에서 실제적으로 하나님보다 더 의지하는 것은 무엇입니까? 혹시 그것이 돈이나 사람, 조직과 제도 같은 것은 아닙니까?

❷ 하나님의 감동에 의해 새 왕과 함께 한 자들이 있었는가 하면, 새 왕을 멸시하고 조롱하던 자들도 있었습니다. 여러분은 공동체의 지도자들과 함께하는 자입니까, 아니면 멸시하는 자입니까?

17 사울 왕의 첫 승리

| 본문 사무엘상 11:1-15

| 외울말씀 사울이 이르되 이 날에는 사람을 죽이지 못하리니 여호와께서 오늘 이스라엘 중에 구원을 베푸셨음이니라 (13절)

도입을 위한 글

위기에는 두 종류가 있다. 정상적인 위기와 우발적인 위기이다. 정상적인 위기는 아기의 출생, 젖을 뗀 이유기, 성장기와 사춘기, 진학, 졸업과 결혼, 정년퇴직, 노년 등 누구에게나 닥치는 불안정한 인생의 단계마다 찾아온다. 우발적인 위기는 감원의 대상이 된다든지, 암에 걸렸다든지, 사업에 실패한다든지, 화재를 당한다든지, 천재지변에 의한 피해를 입는다든지 하는 갑자기 닥치는 위기들이다. 위기에 처한 사람들은 두 가지 반응을 나타낸다. 하나는 부정적이고, 다른 하나는 적극적이다. 전자는 삶을 파편화시킨다면, 후자는 더 나은 삶을 창조한다. 위기는 나의 사정과 형편을 가리지 않는다. 그러나 위기를 관리하는 과정에서 인생은 성장하고 완숙하게 된다. 토머스 쿤은 "위기가 중요한 것은 도구를 바꿔야 할 때가 되었음을 암시하기 때문이다"라고 했다. 위기는 언제나 배움의 과정이기 때문이다. "두려워하지 말라 내가 너와 함께 함이라"(사 41:10). —신경하, 국민일보「겨자씨」

도입을 위한 질문

❶ 여러분은 인생의 어려운 순간마다 주로 누구를 가장 많이 의지합니까?

❷ 최근에 좋은 일이 있었다면, 무엇이입니까? 그리고 그 일을 누구에게 가장 먼저 알렸습니까?

본문 질문

❶ 길르앗 야베스는 암몬 군대에게 조롱과 수치를 당했습니다(1–3절). 지파가 전멸될 위기에 처한 길르앗 야베스는 누구에게 도움을 청했습니까?(4절)

* 길르앗 야베스는 요단 강 동편에 있던 지파로 다른 지파의 신속한 도움을 받기 어려웠다.

❷ 길르앗 야베스의 전쟁 소식을 접한 기브아 사람들은 소리 높여 울었습니다(4절). 곧이어 사울 왕도 길르앗 야베스의 소식을 듣게 되었습니다(5절). 사울 왕은 무엇에 크게 감동되었으며, 그의 감정은 어떻게 되었습니까?(6절)

* 그의 노가 크게 일어나(6절): 이는 의로운 분노였다.

❸ 각 뜨인 고기 덩어리와 함께 사울 왕의 명령을 받아든 각 지파 사람들에게는 무엇이 임했습니까?(7절)

❹ 하나님의 영이 함께 하시는 공동체는 사울 왕을 중심으로 하나가 되었습니다. 베섹에 모인 군사는 총 몇 명이었습니까?(8절)

❺ 사울 왕은 두려움에 떨고 있는 길르앗 야베스 백성들을 안심시키기 위해 어떤 조치를 취했습니까?(9-10절)

❻ 사울 왕의 기만 전술을 기초로 한 야간 기습협공 작전은 대성공이었습니다(11절). 사울 왕은 승리의 영광을 누구에게 돌렸습니까?(13절)

❼ 지혜로운 사무엘은 기회를 놓치지 않았습니다. 사무엘은 백성들과 함께 길갈로 가서 무엇을 했습니까?(14-15절)

더 깊은 연구와 묵상을 위하여

❶ 그리스도인들에게는 고난도 유익이며 복입니다. 하나님께서 길르앗 야베스라는 신앙 공동체에 고난을 주실 때에는 그만한 이유가 있었습니다. 그리고 피할 길도 예비해 놓으셨습니다. 여러분은 최근에 어떤 어려움을 당했습니까? 그 어려움은 여러분에게 어떤 유익을 주었습니까?

❷ 하나님의 영은 사울과 백성들 안에서 어떤 일을 했는지 본문을 통해 살펴보십시오(6-7절).

적용을 위한 글

길르앗 야베스가 사울에게 도움을 청한 것은 매우 잘한 일이었다. 우리 역시 인생의 어려움을 당할 때면, 공동체 안에 하나님께서 은사와 직분을 주신 분에게 도움을 요청해야 한다. 야베스의 소식을 들은 기브아 백성들과 사울은 마치 자신의 일처럼 안타까워 하며 울었는데, 이를 통해 아름다운 지체 의식과 사랑을 엿볼 수 있다. 특히, 사울에게 하나님의 영이 임한 것에 주목해보라. 사랑이 있는 곳에 하나님의 영이 역사한다. 성령은 평화와 화평과 사랑의 영이기 때문이다. 사울은 비록 전쟁 경험이 없고 수줍은 사람이었지만, 성령에 사로 잡힐 때 왕의 위엄으로 백성들을 통솔하게 되었다. 성령은 백성들의 마음속에도 역사하셔서, 그들에게 왕의 명령에 순종할 두려움과 마음을 주셨다. 또한 성령은 사울에게 지혜를 주셔서 오합지졸이 될 수 있는 군대를 3대로 나누고 야간 기습이라는 작전을 펼치게 하셨다. 결국 이 전쟁은 사울의 전쟁이 아니라 하나님의 전쟁이었다. 사울도 이것을 잘 알고 있었고, 모든 영광을 하나님께 돌렸다. 우리 인생 역시 하나님이 이끌어가시는 것이므로, 오직 하나님께만 영광을 돌려야 한다.

적용 및 결단을 위한 질문

❶ 사울 왕의 명령을 들을 때 백성들에게 여호와의 두려움이 임했습니다. 여러분에게도 왕이신 하나님의 말씀을 들을 때 여호와의 두려움이 임합니까?

❷ 삶의 현장 속에서 누리는 승리들이 혹시 여러분 자신의 능력 때문이라고 생각한 적은 없습니까? 하나님께 감사하는 마음을 어떻게 표현하고 있습니까?

18 사무엘의 고별 설교

본문 사무엘상 12:1-15

외울말씀 너희가 만일 여호와의 목소리를 듣지 아니하고 여호와의 명령을 거역하면 여호와의 손이 너희의 조상들을 치신 것 같이 너희를 치실 것이라 (15절)

도입을 위한 글

인생에서 위험은 어디에든지 있다. 만약 살면서 어떠한 위험도 당하고 싶지 않다면, 다음의 것들을 꼭 지켜라. ① 자동차를 타지 마라: 사망 사고 원인의 20%나 된다. ② 비행기나 기차나 배로 여행하지 마라: 모든 사고의 16%를 차지한다. ③ 거리를 걸어 다니지 마라: 모든 사고의 15%가 거리에서 일어난다. ④ 집에 있지 마라: 모든 사고의 17%가 집에서 발생한다. 인생에서 안전한 장소는 아무 데도 없고, 위험 부담이 없는 일은 아무것도 없다. 헬렌 켈러는 이렇게 말했다. "안전이라는 것은 세상에 존재하지 않는 미신이다." 사람들은 저마다 안전을 위한 조치를 한다. 그러나 눈에 보이는 안전을 위한 조치는 때로 불신앙일 수도 있다. 안전을 위한 돈, 안전을 위한 권력, 안전을 위한 인맥, 안전을 위한 종교까지도 모두가 우상이 될 수 있는 것이다. 우리의 진정한 안전은 하나님을 의지함으로 온다.

도입을 위한 질문

❶ 그리스도인이 저축하는 것, 보험에 가입하는 것, 투자 등의 재테크를 하는 것에 대해서 어떻게 생각하는지 함께 나눠보십시오.

❷ 여러분은 인생의 주권을 하나님께 양도했습니까?

본문 질문

❶ 사무엘은 사울 왕의 즉위식과 함께 은퇴를 결심합니다. 사무엘은 백성들에게 네가지 측면에서 자신을 평가해 달라고 했습니다. 그 네 가지는 무엇입니까?(1–3절)

* 지도자들이 범하기 쉬운 죄악들의 목록이기도 하다. 사무엘은 하나님의 법정 앞에서 자신의 정치를 심판받으려고 했으며, 이스라엘 백성들이 자신의 증인 역할을 해 줄 것이라 기대했다.

❷ 사무엘은 고별 설교를 통해 출애굽의 역사를 다시 한 번 상기시키면서, 이스라엘 백성의 진짜 왕이 누구라고 강조합니까?(6–8절)

* 하나님만이 왕이라는 시내산 언약의 정신을 상기시켜 주었다.

❸ 사무엘은 하나님께서 사사시대 조상들을 이방인들의 손에 넘기신 이유가 무엇 때문이라고 했습니까?(9절)

❹ 하나님의 징계를 받은 이스라엘의 조상들은 하나님께 어떤 기도를 드렸습니까?(10절)

❺ 하나님은 회개한 이스라엘 조상들에게 어떤 응답을 주셨습니까?(11절)

❻ 하나님은 백성들의 요구대로 왕을 세우는 것을 허락해주셨습니다(12–13절). 그러나 하나님은 백성들에게 여전히 무엇을 요구하고 계십니까?(14절)

* 종주국의 대왕(大王)이 속국의 왕을 세우듯이, 하나님은 속국의 왕으로써 사울 왕을 세우셨다.

❼ 여호와의 목소리를 듣고 명령을 따르는 것은 하나님의 왕권을 인정하는 것입니다. 하나님께서는 이스라엘 백성들이 하나님의 왕권을 인정하지 않으면 어떻게 하시겠다고 하셨습니까?(15절)

더 깊은 연구와 묵상을 위하여

❶ 탈취, 속임수, 압제, 뇌물 등은 교회나 일반 사회의 지도층이 범하기 쉬운 죄입니다. "상전들아 의와 공평을 종들에게 베풀지니 너희에게도 하늘에 상전이 계심을 알지어다"(골 4:1)라는 말씀처럼, 심판하시는 하나님을 두려워함으로 흠 없이 살려고 노력하고 있습니까?

❷ 사무엘은 기꺼이 자신의 지도권을 사울 왕에게 이양했습니다. 또한 예수님도 하늘 보좌를 버리시고 이 땅에 오셨습니다. 여러분은 사무엘이나 예수님처럼 겸손하게 '자리'를 잘 내려놓습니까?

적용을 위한 글

사무엘은 길갈에 백성들을 모았다. 그리고 그곳에서 자신의 지도권을 새로운 왕인 사울에게 기꺼이 넘겨주었다. 그는 자리에 연연해 하지 않고 자기의 때를 알아 겸손히 행동했으며, 자신의 삶을 하나님과 새로운 왕 앞에서 심판대에 올렸다. 우리도 언젠가는 하나님의 심판대 앞에서 우리의 인생을 계수하게 될 것이다. 그때에 부끄러움이 없도록 거룩하고 정직하게 살아야 할 것이다. 사무엘은 백성들에게 고별 설교와 같은 메시지를 전하면서 과거의 역사를 뒤돌아보았다. 비록 눈에 보이는 인간을 왕으로 세우는 시점이었지만, 이스라엘의 왕은 여전히 하나님이심을 강조했다. 우리도 이와 마찬가지이다. 우리에게 영향력을 주는 것은 많지만, 결국 우리의 주권은 하나님께 있다. 따라서 우리 삶의 최종 결정권은 하나님께 드려야 한다.

적용 및 결단을 위한 질문

❶ 인생은 선택의 연속입니다. 여러분은 무엇을 선택할 때 왕 되신 하나님께 상의하고 결정합니까, 아니면 내 마음대로 선택합니까?

❷ 하나님의 백성의 안전은 왕이신 하나님이 책임져주십니다. 여러분은 자신의 안전을 책임져줄 다른 어떤 것을 마련해두고 있지는 않습니까?(예를 들어, 돈과 부동산과 학위 등)

19 그 큰 일을 생각하라

본문 사무엘상 12:16-25

외울말씀 너희는 이제 가만히 서서 여호와께서 너희 목전에서 행하시는 이 큰 일을 보라 (16절)

도입을 위한 글

회개는 개인적인 죄, 숨은 죄, 고백하지 못했던 죄, 공동체적인 죄, 인식하지 못했던 죄, 원죄까지 다 십자가 앞에 내려놓는 과정이다. 그리고 회개란 더 이상 죄의 종이 되지 않겠다고 선언하는 것이다. 하나님과 사람 앞에서 죄의 종으로 붙들어 두려고 하는 마귀와의 단절함을 통해서 말이다. 그리고 주 예수님께 속한 사람으로 살겠다고 결단해야 한다. 또한 회개는 예수 그리스도 안에서 새로운 삶의 양식과 목적을 따르는 것이다. 회개하려면 먼저 자신의 죄성과 구체적인 죄악을 철저하게 인식해야 한다. 그리고 자신의 상처입은 모습, 고통스러운 부분과 직면해야 한다. 또한 자신이 하나님과 이웃에게, 그리고 자신에게 얼마나 파괴적인 삶을 살았는지에 대해 애통하는 과정을 거쳐야만 한다. 이런 과정을 생략한 회개는 '값싼 은혜'로 전락할 위험성이 있다. 하나님의 용서가 사람의 용서와 다른 점은, 진정으로 회개하고 돌아오면 동이 서에서 먼 것 같이 죄를 옮겨 버리시고 기억조차 하시지 않는다는 점이다.

—이관직, 「찬송과 목회 상담」

도입을 위한 질문

❶ 요즘 여러분의 주된 기도제목은 무엇입니까?

❷ 인생에서 오는 상실은 모두 하나님이 주시는 벌이라고 생각합니까?

본문 질문

❶ 하나님께서는 왕을 구한 일이 큰 죄악임을 보여주시기 위해서 언제, 무엇을 내리셨습니까?(16–18절)

* 밀 베는 때(5–6월)에는 거의 비가 오지 않았지만, 때를 가리지 않고 내린 우레와 비는 밀 추수를 위협했다. 종종 우레와 비는 하나님의 심판을 상징하기도 한다.

❷ 하나님이 내리신 우레와 비를 본 후 백성들은 여호와와 사무엘에 대해 어떤 마음을 갖게 되었습니까?(18절)

❸ 설교를 통해 자신들의 죄악을 밝히 알게 된 백성들은 무엇을 자백합니까?(19절)

❹ 사무엘은 자신들의 죄를 자백한 백성들에게 무엇이라고 권면합니까?(20-21절)

❺ 언약의 하나님은 성실하십니다. 하나님께서 자기 백성들에게 베풀어주시는 것은 무엇입니까?(22절)

❻ 사무엘은 은퇴 이후에도 백성들을 위해서 무엇을 계속하겠다고 합니까?(23절)

* 하나님의 통치를 받는 두 가지 방식은 기도와 말씀이다(행 6:4 참조).

❼ 사무엘은 백성들에게 그 큰 일(추수 때 우레와 비가 내린 것)을 생각하라고 했습니다(24절). 만약 백성들이 또 다시 악을 행하면 어떻게 될 것이라고 합니까?(25절)

더 깊은 연구와 묵상을 위하여

❶ 추수 때의 우레와 비는 막대한 경제적 손실을 줍니다. 회개를 위해서 경제적 손실을 구한 사무엘의 기도는 하나님의 뜻을 구한 예수님의 기도(마 6:10 참조)와 일맥상통합니다. 여러분은 사무엘처럼 기도할 수 있습니까?(18절)

❷ 회개할 수 없을 만큼 큰 죄는 없습니다. 회개하지 않고 넘어가도 되는 작은 죄 또한 없습니다. 여러분은 언약의 백성으로서 항상 자신의 죄를 자백하며 회개(죄에서 돌아서는 것)하고 있습니까?(요일 1:9 참조)

적용을 위한 글

이제 사무엘은 지도자의 자리에서 물러나고 사울이 왕에 등극했다. 그런데 하나님은 이 시점에서 하늘의 재앙을 내리셨다. 사무엘이 예고한 추수 때 내리는 우레와 비는 막대한 경제적 손실을 안겨 주는 것이었다(잠 16:1). 이것은 이스라엘이 하나님의 왕권을 거부하고 이방인들처럼 눈에 보이는 왕을 구한 죄 때문이었다. 그러자 이스라엘은 두려운 마음으로 죄를 자백하고 다시 언약 백성답게 하나님을 왕으로 모시고 살겠다고 했다. 이에 하나님은 죄를 뉘우친 이스라엘 백성들에게 한 번 더 기회를 주셨다. 하나님의 백성인 우리 역시 하나님만을 왕으로 모시는 삶을 살아야 한다. 그러기 위해서는 계속적인 기도와 적극적인 말씀 공부를 통해 하나님의 다스림을 받아야 한다. 하나님의 통치를 받지 않는 것은 무엇보다도 큰 죄이다. 내가 왕이 되어서도 안 되고, 다른 어떤 것이 나를 다스리게 해서도 안 된다. 나를 통치하고 다스리실 분은 오직 하나님뿐이시다.

적용 및 결단을 위한 질문

❶ 하나님의 왕권을 거부하고 이방인들의 가치관을 따르는 것은 분명 큰 죄입니다. 여러분에게도 하나님의 말씀을 거부하고 세속적인 가치관과 삶의 방식대로 살아가려는 모습은 없습니까?

❷ 왕이신 하나님의 다스림을 받으려면 계속해서 기도하고 적극적으로 성경 말씀을 배워야 합니다. 여러분은 얼마나 기도하며 말씀을 깨달아 알기 위해 노력합니까?

20 번제를 드린 사울

본문 사무엘상 13:1-9

외울말씀 사울이 이르되 번제와 화목제물을 이리로 가져오라 하여 번제를 드렸더니 (9절)

도입을 위한 글

성경에 소개되는 위대한 믿음의 사람들은 한결같이 고난이라는 터널을 통과한 사람들이다. 욥은 원인을 알 수 없는 애매한 고난으로 괴로워했지만, 그 고난을 이겨내고 갑절의 복을 받았다. 요셉도 고난 때문에 애굽의 총리가 되었고, 자신의 민족을 기근에서 구해내게 되었다. 다윗 또한 사울 왕의 질투로 인해 어처구니없는 고난을 당했다. 그러나 그 고난의 때가 지났을 때 하나님은 그를 들어 이스라엘 최고의 왕이 되게 하셨다. 유명한 뉴스 캐스터였던 데이비드 브린클리는 "신은 가끔 우리 앞에 빵 대신에 벽돌을 던져놓기도 하는데, 어떤 이는 원망해서 그 벽돌을 걷어차다가 발가락 하나가 더 부러지기도 하고 어떤 이는 그 벽돌을 주춧돌로 삼아 집을 짓기 시작한다"라는 명언을 남겼다. 고난이라는 벽돌은 다루는 사람의 태도에 따라 행복의 기초가 될 수도 있고, 불행의 원인이 될 수도 있다. 그러나 사울 왕은 왕이 된 이후 첫 번째로 다가온 고난을 잘 해결하지 못했다. 블레셋이라는 벽돌을 뛰어넘지 못하고 걷어차려고 하다가 큰 낭패를 본 것이다.

도입을 위한 질문

❶ 「도입을 위한 글」에서 데이비드 브린클리의 말처럼 요즘 여러분의 삶에서 벽돌처럼 여겨지는 것은 없습니까?

❷ 여러분은 그 벽돌 같은 문제들에 대해 주로 어떻게 반응합니까? 문제로 인해 원망하고 불평합니까, 아니면 주춧돌 삼아 집을 짓습니까?

본문 질문

❶ 사울 왕은 상비군 정예부대를 조직해서 군사 요충지에 배치합니다. 군사 몇 명씩을 어디에 배치합니까?(2절)

* 삼천 명: 왕궁 수비대의 일종으로, 전문적인 군사 훈련을 받은 군사들과 돈을 주고 산 용병들로 구성되었다.

❷ 요나단의 선제공격으로 블레셋과의 전면전이 시작되었습니다(3절). 백성들은 어디로 모여 누구를 따랐습니까?(4절)

❸ 이스라엘에 대항해 믹마스에 진을 친 블레셋 군대의 규모는 얼마나 되었습니까?(5절)

* 믹마스(5절): 벧엘 남서쪽 7km 지점으로, 지형적으로는 산이 많았다.

❹ 이스라엘 사람들에게서 암몬과의 전투에서 가졌던 여호와에 대한 두려움(삼상 11:7)은 발견할 수 없었습니다. 그 대신 블레셋에 대한 두려움만 가득했습니다. 상황만 바라보았던 그들의 마음 상태는 어떠했습니까?(6절)

* 절박하여(NIV; their situation): 어떤 일이나 때가 가까이 닥쳐서 몹시 급함을 말한다.

❺ 절박한 이스라엘 사람들은 어떤 행동을 취했는지 동사를 중심으로 정리해보십시오(6-7절).

* 갓과 길르앗 땅(7절): 요단 동편에 있는 이스라엘 땅에 대한 일반적인 명칭으로 르우벤과 갓 지파가 살고 있었다. 블레셋의 작전 기지에서 멀리 떨어져 있는 곳으로 도망가기에 적당한 장소였다.

❻ 사울은 백성들의 두려움을 날려버릴 종교의식이 필요했습니다. 그래서 사울이 간절히 기다린 사람은 누구입니까?(8절)

❼ 사무엘은 오지 않고 백성들은 점점 흩어졌습니다. 다급해진 사울은 결국 무엇을 합니까?(9절)

* 고대 근동에서는 때때로 왕이 제사장의 역할을 감당하기도 했다. 하지만 사울의 경우에는 사무엘과 각자의 역할을 분명히 정해놓은 하나님의 명령을 어긴 것에 더 잘못이 있다.

더 깊은 연구와 묵상을 위하여

❶ 솔로몬의 충고대로 곤고한 날에는 생각해야 합니다(전 7:14). 야고보의 권면처럼 고난 당하는 자는 기도해야 합니다(약 5:13). 여러분은 곤고와 고난이 오면 여러분과 함께하시는 주님을 인식하며 그분만을 의지합니까?

❷ 이스라엘 백성들은 불과 몇 년 전에 하나님이 큰 우레로 블레셋을 멸하신 일(삼상 7:10)과 사울에게 하나님의 신을 부어 주셔서 암몬을 물리치게 하신 일(삼상 11장), 그리고 건기에 비와 우레를 내리셨던 일(삼상 12:17)을 잊어버리고 있었습니다. 여러분은 지금까지 도우신 하나님을 매순간 기억하며 살고 있습니까?

적용을 위한 글

블레셋 병거(전차)의 숫자는 3만이었다. 반면, 이스라엘의 군사는 겨우 3천으로 블레셋과는 100대 1의 비교도 안 되는 전력이었다. 이스라엘 백성들이 숨고 도망가며 두려워 떠는 것은 어쩌면 당연한 것이었다. 하지만 하나님의 백성들에게 이러한 행동은 잠깐이어야 한다. 재빨리 정신을 차리고 기도의 자리로 돌아와 전능하신 하나님께 기도해야 한다. 그러나 사울과 백성들은 기도를 잊고 있었다. 하나님을 의지하고 의존하는 것을 잊고 있었으며, 이전의 겸손했던 사울의 모습은 사라졌다. 암몬과 싸울 때 하나님의 신에 감동되어 백성들을 능력있게 이끌어가던 모습은 어디에서도 볼 수 없었다. 오히려 사무엘의 번제만을 기다렸다. 그 기다림은 건강한 기다림이 아닌 미신적인 기다림이었다. 사무엘의 번제가 어떤 능력이 있다고 믿었던 것이다. 번제를 받으시고 기적을 베푸시는 하나님을 의지한 것이 아니라, 예전에 전쟁터에서 언약궤를 가지고 있었던 것처럼 번제를 미신적으로 이용하려고 했던 것이다.

적용 및 결단을 위한 질문

❶ 사울은 왕이 된 이후 기도하지 않았습니다. 어려운 순간에도 하나님을 의지하며 기도하지 않았습니다. 여러분은 교만하여 기도하기를 쉬는 죄(삼상 12:23)를 범하고 있지는 않습니까?

❷ 사울이 번제를 드린 것은 미신적인 행위였습니다. 예전에 사무엘이 번제를 드려 큰 우레로 블레셋을 물리친 것을 생각하며 번제 자체의 힘을 믿고 이용했습니다. 여러분은 기독교의 종교 의식들을 미신적으로 이용하지는 않습니까?

21 불순종의 결과

본문 사무엘상 13:10-23

외울말씀 지금은 왕의 나라가 길지 못할 것이라 여호와께서 왕에게 명령하신 바를 왕이 지키지 아니하였으므로 여호와께서 그의 마음에 맞는 사람을 구하여 여호와께서 그를 그의 백성의 지도자로 삼으셨느니라 하고 (14절)

도입을 위한 글

- 만유인력을 발견한 사람은? (답) 죽었음.
- 부모님은 왜 우리를 사랑하실까요? (답) 그러게 말입니다.

초등학교 선생님들이 학생들의 시험지를 채점하면서 겪었던 재미있는 몇 가지 에피소드입니다. 어린 학생들의 엉뚱하지만 귀여운 대답입니다. 그러나 우리는 "하나님께서 왜 우리에게 승리를 주실까요?"라는 질문에 "그러게 말입니다"라고 대답해서는 안 됩니다. 정답은 '하나님의 말씀에 순종했기 때문'입니다. 하나님의 말씀에 순종하면 승리를 얻게 되고, 순종한 사람에게 영적인 권위가 옵니다.

-피영민, 국민일보「겨자씨」

도입을 위한 질문

❶ 여러분은 하나님의 말씀을 얼마나 순종하는 사람인 것 같습니까?

❷ 여러분은 하나님께 주로 어떤 핑계를 댑니까?

본문 질문

❶ 사무엘은 불순종한 사울 왕을 책망했습니다. 그러자 사울 왕은 자신이 번제를 드릴 수밖에 없었던 핑계를 댔습니다. 그 핑계는 무엇입니까?(11-12절)

❷ 만약 사울 왕이 하나님의 명령에 순종하여 하나님의 왕권을 인정했다면, 어떤 미래가 보장될 수도 있었습니까?(13절)

* 망령되이 행하였도다(13절): '어리석은 행동을 했다, 해서는 안 되는 일을 했다'라는 뜻이다.

❸ 왕의 왕이신 하나님께서는 불순종한 사울 왕을 폐위시키고 어떤 사람을 대신 왕으로 세우시겠다고 하셨습니까?(14절)

❹ 사무엘은 사울에게 저주의 메시지를 전한 다음, 어디를 떠나 어디로 갔습니까?(15절)

* 길갈에서…기브아로(15절): 여호수아의 군대가 여행한 거리(24km 정도)로, 이는 하루 여행길이다. 뒤도 돌아보지 않고 사울 왕을 떠나는 사무엘의 모습은, 사울 왕으로부터 돌아서신 하나님을 대변해주고 있다.

❺ 사무엘에 이어 백성들도 떠났습니다. 이스라엘 진영에는 몇 명만 남았습니까?(15-16절)

* 이스라엘이 타국과 전쟁을 할 때 작전이나 지형, 그리고 무기의 상황이 유리했던 적은 별로 없었다. 그럼에도 이스라엘이 승리할 수 있었던 것은 하나님의 함께하심 때문이었다. 사무엘서 기자는 자신의 판단과 힘만 의지한 채, 하나님 없이 홀로 서 있는 사울 왕의 모습을 우회적으로 그려주고 있는 것이다.

❻ 이스라엘은 최악의 상황으로 전쟁에서 매우 불리했습니다. 이스라엘은 작전이나 지형적으로나 무기의 상황이 어떠했습니까?(16-23절)

* 그 때에 이스라엘 온 땅에 철공이 없었으니(19절): 사사시대의 이스라엘은 블레셋의 식민통치를 받고 있었다. 블레셋은 이스라엘 사람들이 청동이나 철을 만드는 것을 금지했다. 사울 왕 때에도 상황은 마찬가지여서 이스라엘에는 청동이나 철을 제조할 수 있는 기술이 없었다.

❼ 이렇게 모든 것이 불리한 상황에서 사울 왕은 하나님께 회개하고 무릎을 꿇었습니까, 아니면 자신의 손에 들려 있던 칼과 창만 의지했습니까?(22절)

더 깊은 연구와 묵상을 위하여

❶ 버림받은 사울 왕, 가나안에 들어가지 못한 출애굽 백성들, 멸망당한 예레미야 시대의 이스라엘 백성들, 예수님을 팔아버린 가룟 유다(요 6:71)의 공통점은 무엇입니까? 하나님과 하나님의 백성들의 관계(구원)는 언약을 충실하게 이행할 때에만 계속되는 것임을 기억하십시오.

❷ 이스라엘 진영에 남은 6백 명은 사울 왕과 끝까지 함께 한 사람들입니다. 여러분은 여러분의 인생길에 있어서 어떤 일이 있어도 왕되신 하나님을 떠나지 않을 수 있습니까?

적용을 위한 글

사울 왕은 하나님으로부터 '사무엘을 기다리라'는 명령을 받았다. 하지만 사울 왕은 그 명령에 순종하지 않았다. 이에 사무엘은 그에게 왕으로 선택하고 부르신 것을 취소하겠다는 저주의 메시지를 전했다. 우리 역시 구원에 대한 경각심을 가져야 한다. 단지 입술로만 '주여 주여'하며 복음에 대해 단순히 지적으로 동의했다고 해서 구원받았다고 생각하면 안 된다. 우리는 은혜로 하나님의 자녀가 되었고, 새 언약을 통해 하나님 나라의 백성이 되었다. 하지만 우리가 예수님과의 신비한 연합관계 속에서 계속적으로 그리스도 안에 머무를 때에만 그 관계(구원)가 지속된다는 것을 알아야 한다. 불순종하는 사람은 하나님의 마음에 맞는 사람이 아니다. 하나님은 순종하는 사람들을 기뻐하시며, 그들을 통해 하나님의 일을 하신다.

적용 및 결단을 위한 질문

❶ 사울 왕은 내가 아니면 안 된다는 식의 행동을 했습니다. 여러분은 여러 공동체 안에서 사울 왕처럼 행동하지는 않습니까?

❷ 사무엘이 떠났습니다. 백성들도 2,700명이 떠났습니다. 지형적으로 불리한 곳으로 후퇴했고, 무기 역시 없었습니다. 신식 무기로 무장한 특공대가 사방에서 다가옵니다. 그러나 하나님의 도움의 손길은 전혀 보이지 않습니다. 요즘 여러분의 삶에도 어려움만 있고, 하나님의 도움의 손길이 전혀 보이지 않습니까? 그 이유는 무엇입니까?

22 요나단의 믿음

본문 사무엘상 14:1-15

외울말씀 여호와의 구원은 사람이 많고 적음에 달리지 아니하였느니라 (6절b)

도입을 위한 글

나의 어머니 그레니 브랜드(Granny Brand)는 정말 우아하고 사랑스러운 분이었다. 그러나 인도에서 겪은 장티푸스, 이질, 말라리아와 같은 질병들은 어머니의 신체를 마르게 했다. 그리고 어머니는 75세가 되던 해에 남인도에 위치한 어느 산에서 일하던 중에 넘어져 그만 엉덩이 뼈가 부서지는 사고를 당했다. 다음 날 인부들이 발견할 때까지 어머니는 땅바닥에 누운 채 고통으로 밤을 새워야 했다. 그럼에도 어머니는 복음을 전하고 병자를 치료하며 사람들의 썩은 이를 뽑아 주기 위해 계속 말을 타고 다니셨다. 이미 어머니는 척추와 늑골의 골절, 척추 신경 압착, 뇌진탕, 대퇴골 파열, 손의 심각한 감염을 한 차례 이상 경험한 터였다. 나는 억지로라도 은퇴를 종용하고 싶었다. 그러나 어머니는 이렇게 말했다. "이 넓은 산간 마을에서 복음을 전할 사람은 나 말고 아무도 없잖니? 하나님이 필요로 하시는 곳에 사용되지 못한다면 나의 늙은 몸뚱이가 무슨 의미를 가질 수 있겠니?" 결국 어머니는 93세의 고령이 되고 나서야 할 수 없이 말 위에 올라앉는 것을 포기했다. 인도 주민들은 어머니를 이동 침대에 눕힌 채 이 마을, 저 마을로 다니기 시작했다. 어머니는 2년 동안이나 선교 사역을 더 감당한 후 95세의 나이로 세상을 떠났다.

-필립 얀시 & 폴 브랜드, 「육체 속에 감추어진 영성」

도입을 위한 질문

❶ 동역자라는 단어의 의미는 무엇입니까?

❷ 여러분의 동역자들은 누구입니까? 이름을 적어보십시오.

본문 질문

❶ 절망적인 이스라엘의 상황을 뒤엎기 위한 요나단의 기습 작전은 대범하면서도 지혜로웠습니다. 이스라엘 진영에 소동을 일으키지 않기 위해 자신의 작전을 누구(1절)와 누구(3절)에게 숨겼습니까?

❷ 요나단은 믿음을 기초로 한 실천이 있는 사람이었습니다. 그는 블레셋을 누구라고 생각하고 있었으며, 여호와의 구원에 대해서는 어떠한 생각을 가지고 있었습니까?(6절)

* 고대 근동 사람들은 전쟁을 신들 간의 전쟁으로 생각했다. 요나단은 하나님이 자신과 함께 하고 있음을 믿고 있었다. 또한 전쟁의 승리는 전술이나 군사력이 아닌 하나님이 우리 편인지 아닌지가 중요하다고 믿었다.

❸ 요나단의 부관은 그의 동역자였습니다. 부관은 요나단과 무엇을 같이하여 따르겠다고 했습니까?(7절)

❹ 요나단은 믿음으로 기습 공격을 계획했지만, 하나님의 지시와 인도하시는 증거를 구했습니다. 요나단이 하나님께 구한 표징은 무엇입니까?(8-10절)

* 하나님의 뜻은 구하지 않고, 열정과 열심을 다하는 것은 믿음이 아니다.

❺ 요나단과 부관이 블레셋 사람들에게 나아갔습니다. 블레셋 사람들은 두 사람을 무엇이라고 불렀습니까?(11절)

* "히브리 사람"(11절)이란 표현은 아브람(창 14:13), 요셉(창 39:14) 등을 비롯한 이스라엘 백성들의 정체성을 나타내주는 표현이다. 이는 '강 건너온 자'라는 뜻으로 세상적 가치관을 버리고 하나님을 믿고 따르는 사람들을 지칭해준다.

❻ 하나님께서는 표징을 통해 요나단의 선제공격을 허락하셨습니다(12절). 요나단은 블레셋을 어떻게 공격했습니까?(13-14절)

* 손 발로 기어 올라갔고(13절): 보세스와 세네(4-5절)는 경사가 급했지만, 눈에 띄지 않게 벼랑을 기어오를 수 있었다.
* 반나절 갈이 땅(14절): 한 쌍의 소가 반나절 동안 쟁기질하는 넓이의 땅을 말한다.

❼ 하나님께서는 요나단과 부관에게 큰 승리를 주셨습니다. 두 사람의 승리는 블레셋에 어떤 영향을 미쳤습니까?(15절)

* 진동(15절): 고대 근동에서 땅이 떨리는 것은 신이 전투에 참여했다는 뜻으로 해석됐다. 이는 요나단과 부관의 기습작전에 하나님께서 참여하고 계심을 의미한다.

더 깊은 연구와 묵상을 위하여

❶ 요나단은 "그리스도 예수의 좋은 병사"(딤후 2:3)의 모델입니다. 요나단은 하나님의 백성과 그 나라를 지켜내기 위해 여러 가지 고난을 감수합니다. 여러분은 요나단처럼 하나님 나라를 위해 고난을 받고 있습니까?

❷ 하나님의 일은 사람의 많고 적음에 그 성패가 달려 있지 않습니다. 오히려 많은 사람들이 가는 길은 하나님의 뜻이 아닐 수 있습니다. 여러분은 하나님 편에 서는 소수(남은 자)로 살아가고 있습니까?

적용을 위한 글

사울 왕의 범죄로 인해서 이스라엘은 최악의 상황을 맞이하고 있었다. 하나님은 계속해서 침묵하셨고, 블레셋은 지금이라도 당장 이스라엘을 멸망시킬 태세였다. 이때, 믿음 있는 한 사람이 나타났다. 그가 바로 요나단이었다. 요나단은 할례 받지 않은 이방인들에 의해 하나님의 백성들이 멸망당하는 것을 보고만 있을 수 없었다. 그는 그 옛날 여호수아를 본받아 믿음으로 나아간다. 특히, 요나단은 열정과 냉철한 지혜를 가지고 자신의 기습공격을 비밀리에 수행한다. 그리고 그는 하나님만을 의지했다. 하나님의 지시를 받아 하나님과 함께 동역한다. 하나님께만 모든 것을 떠넘기는 식이 아니라, 모든 것을 맡기되 자신의 할 일을 최선을 다해 감당했다. 그리하여 위험을 무릅쓰고 급경사를 올라 힘써 싸웠다. 이러한 요나단과 무명의 부관의 모습은 우리가 본받아야 할 좋은 모델이라고 할 수 있다. 우리는 요나단처럼 하나님 나라를 지켜내는 좋은 군사가 되어야 한다.

적용 및 결단을 위한 질문

❶ 요나단은 하나님의 지시와 인도하심을 구하면서 행동했습니다. 여러분은 하나님의 지시와 인도하심을 구하는 삶을 살고 있습니까?

❷ 요나단의 승리의 절반은 이름 없는 충성스러운 부관의 것이었습니다. 여러분은 충성스러운 부관처럼 자신의 지도자들에게 순종하고 있습니까? 가정, 교회, 일터, 공동체 등에서 지도자와의 관계를 점검해보십시오.

23 깊어지는 불신앙

본문 사무엘상 14:16-23

외울말씀 사울이 아히야에게 이르되 하나님의 궤를 이리로 가져오라 하니 그 때에 하나님의 궤가 이스라엘 자손과 함께 있음이니라 (18절)

도입을 위한 글

후진국의 특성은 목소리가 크고, 부패지수가 높으며, 우상숭배와 미신이 성행한다고 합니다. 고려의 멸망도 불교의 미신화와 관계가 깊습니다. 요승 신돈이 공민왕의 이성을 마비시키고, 고려의 조야를 온통 무당사상으로 병들게 했기 때문입니다. 제정 러시아도 같습니다. 1905년 시베리아 출신 수도승인 라스푸틴이 제정 러시아의 수도 페테르부르크에 나타나 요사스런 예언으로 사회를 혼미하게 하고, 급기야는 황제 니콜라이 2세와 황후 알렉산드라의 총애를 받아 내정과 외교정책을 좌지우지했습니다. 그는 1916년까지 무려 10년간 무당정치를 했습니다. 기독교 성결 윤리가 사회적 율례가 될 때 선진국이 될 것입니다. 기독교는 결코 비진리와 타협하지 않습니다.

–이철재, 국민일보「겨자씨」

도입을 위한 질문

❶ 불교의 미신화가 있었던 것처럼 한국 기독교도 미신화되어 있다고 생각해 본 적은 없습니까?

❷ 여러분은 요즘 하나님만을 의지하며 살아가고 있습니까?

본문 질문

❶ 블레셋 진영을 정탐하던 사울의 파수꾼은 블레셋 사람들이 이리 저리 흩어지는 모습을 발견하고 사울 왕에게 보고합니다. 그 즉시 사울 왕은 백성들에게 무엇을 지시합니까?(16–7절)

❷ 점호 결과 누가 없었습니까?(17절)

* 점호(點呼, 17절): 군대에서 병사들의 수와 전투 대비 태세를 점검하는 것이다.

❸ 사울 왕은 제사장 아히야에게 어떤 지시를 내립니까?(18절)

* 그 옛날 언약궤를 미신적으로 사용하려고 했던 조상들의 죄를 되풀이한다(삼상 4:3 참조). 요나단과 부관의 싸움에 종교적인 힘을 불어넣으려고 하는 의도가 있었던 것이다.

❹ 블레셋 진영의 소동이 점점 커지자 사울 왕은 승리를 확신합니다. 이에 사울 왕은 제사장에게 무엇을 지시합니까?(19절)

* 네 손을 거두라(19절): 두 가지 의미로 볼 수 있다. 옮기던 언약궤를 가져오지 말라는 의미와 제사장이 에봇 속 우림과 둠밈으로 하나님의 뜻을 물어보는 것을 멈추라는 의미일 수 있다.

❺ 사울 왕과 백성들은 뒤늦게 전장에 나갑니다. 그때 그들이 목격한 것은 무엇입니까?(20절)

* 하나님께서는 기드온을 통해 미디안을 물리치실 때와 동일한 방법으로 역사하셨다. "여호와께서 그 온 진영에서 친구끼리 칼로 치게 하시므로"(삿 7:22).

❻ 요나단을 통해 하나님께서 전쟁에 개입하시자 상황이 역전되었습니다. 도망가거나 숨어 있던 이스라엘 사람들은 하나님의 전쟁을 보고 어떻게 행동합니까?(21절)

❼ 사울 왕의 불순종과 불신앙에도 불구하고 하나님은 이스라엘을 어떻게 하십니까?(23절)

* 벧아웬(23절): 블레셋과 이스라엘의 전투 장소인 믹마스의 서쪽에 있는 성읍이다.
* 전쟁이…지나니라(23절): 블레셋 군대가 후퇴하였음을 뜻한다.

더 깊은 연구와 묵상을 위하여

❶ 미신(迷信)이란 신을 이용하여 자신의 목적을 이루려고 하는 것입니다. 사울은 전쟁에서 승리라는 목적을 위해 언약궤를 이용하려는 미신적 신앙을 보여 줍니다. 여러분의 신앙은 미신적이지 않습니까?

❷ 본문에서 요나단의 선제공격이 승리를 거둔 다음에야 전쟁에 나서는 사울 왕과 백성들의 모습을 보게 됩니다. 여러분은 하나님 나라를 위한 일에 앞장서고 있습니까?

적용을 위한 글

요나단의 믿음과 열정으로 시작된 기습공격이 성공하고, 하나님께서 블레셋 진영을 큰 혼돈에 빠뜨리셨다. 이 혼돈의 광경은 이내 사울 왕의 파수꾼에 의해 목격되고, 사울 왕도 이 광경을 지켜보게 된다. 그리고 블레셋의 혼돈이 요나단에 의해 이루어진 것을 알고는, 기습공격의 승리를 굳히기 위해 여러 가지 노력들을 한다. 그러나 그 노력들은 극히 인간적인 노력이었다. 언약궤를 가지고 오라고 한 것은 미신적 행위였다. 또한 돌연 언약궤를 가져오지 말라고 한 것은 자신의 힘으로도 이길 수 있다는 자만의 모습이었다. 사울 왕은 계속해서 불신앙의 모습을 보여주었다. 이처럼 내가 아쉬울 때만 하나님을 찾는 척하고, 내가 뭔가를 할 수 있다고 생각할 때에는 하나님을 버리는 것은 불신앙이요 자만이다. 그럼에도 불구하고 신실하신 하나님은 언약 백성을 보존하시기 위해 이스라엘 군대에 승리를 주시고 블레셋을 물러가게 하셨다. 이렇듯 하나님의 은혜는 우리의 머리로는 도무지 이해할 수 없는 것이다.

적용 및 결단을 위한 질문

❶ 여러분은 아쉬울 때만 하나님을 찾는 척하다가 나 혼자 할 수 있다고 생각될 때는 나 혼자 결정하고 선택하지는 않습니까?

❷ 나의 불신앙과 불순종에도 불구하고 하나님의 보호하심과 도우심이 계속된다는 것은 이해할 수 없는 사랑입니다. 여러분은 하나님의 그 사랑을 느끼고 있습니까?

24 트러블메이커

본문 사무엘상 14:24-37

외울말씀 무리가 이르되 왕의 생각에 좋은 대로 하소서 할 때에 제사장이 이르되 이리로 와서 하나님께로 나아가사이다 하매 (36절b)

도입을 위한 글

C. S. 루이스는 이 세상에 두 종류의 사람이 있다고 했다. 항상 하나님을 의식하며 살아가는 사람들이 있는가 하면, 이와는 대조적으로 마치 하나님께서 방기하신 듯한 삶을 사는 이들도 있다. 첫 번째 사람들은 하나님을 향해 삶의 초점과 목적을 맞추면서 살아가려고 노력하는 이들이다. 이들의 삶의 목적은 하나님을 기쁘시게 하는 데 있다. 그러므로 그들은 "아버지의 뜻이 하늘에서 이루어진 것 같이 이 땅에서도 이루어지이다"라는 말씀을 몸으로 실천하며 살아간다. 그러나 두 번째 사람들은 자유로운 자 같으나 실상은 '더러움의 정욕대로 살도록 내버려둠'을 당한 사람들이다. 이들은 '육신의 정욕과 안목의 정욕, 이생의 자랑'이라는 욕망의 굴레를 벗어나지 못하고 자기 중심적으로 살아가다 인생을 헛되게 마무리하게 된다. 우리는 혹 두 번째 종류의 사람들의 삶을 동경할 때도 있다. 바로 그때, 우리가 하나님으로부터 멀어지는 것이다.

-임성빈 , 국민일보「겨자씨」

도입을 위한 질문

❶ 여러분은 자기중심적입니까, 아니면 하나님 중심적입니까?

❷ 여러분은 다른 사람을 편안하게 해주는 편입니까, 아니면 곤란하게 하는 편입니까?

본문 질문

❶ 24절에 나타난 사울 왕의 말 속에서 그의 전쟁관을 엿볼 수 있습니다. 사울 왕은 블레셋과의 전쟁이 누구의 전쟁이며, 누구의 원수에게 무엇을 하는 것이라고 생각했습니까?(24절)

* 성경은 사울 왕의 전쟁관과는 정반대이다. 성경에서의 전쟁은 하나님께 속한 것으로, 언약 백성을 위협하는 적과 싸우시는 여호와의 전쟁임을 계속적으로 말씀하신다.

❷ 백성들은 피곤하였고 배고픔에 지쳐 있었습니다. 수풀 사이에 꿀이 있어도, 블레셋에게서 탈취한 음식물이 있어도 먹을 수 없었습니다. 그 이유는 무엇입니까?(24-26절)

❸ 요나단은 사울 왕이 땅을 어떻게 만드는 존재라고 했습니까?(29절)

* 곤란하게(29절): "My father has made trouble for the country"(NIV). 트러블메이커.

❹ 사울 왕이 사리사욕 때문에 한 맹세는 백성들로 하여금 죄를 범하도록 만들었습니다(31-34절; 레 17:11-12 참조). 하지만 사울 왕은 자신의 실수는 생각하지 않은 채, 그 책임을 백성들에게 돌렸습니다. 사울 왕은 백성들이 무엇이 없는 행동을 했다고 말합니까?(33절b)

❺ 사울 왕은 소와 양을 잡은 큰 돌 앞에서 무엇을 합니까?(35절)

* 자신의 승리를 과시하기 위한 의도가 숨겨져 있다.

❻ 사울 왕은 또 다시 하나님께 여쭈어 보지 않은 채, 자신이 계획을 세워 백성들에게 발표합니다. 그 계획에 대한 백성들의 반응은 어떠했습니까?(36절)

* 무모하고 경솔한 계획이었다. 지금 백성들은 지쳐있었고, 하나님의 뜻과는 상관이 없었다.

❼ 하나님께로 나아가라는 제사장의 권고가 있었습니다. 그래서 사울 왕은 제사장의 권고대로 하나님께 여쭈어 보았습니다. 하지만 하나님은 어떻게 응답하셨습니까?(37절)

더 깊은 연구와 묵상을 위하여

❶ 사울 왕은 하나님 중심적인 사람이 아니라 자기중심적인 사람이었습니다. 여러분은 정욕과 탐심에 이끌려 다니는 사람입니까(갈 5:24), 아니면 성령에 이끌려 사는 사람입니까?

❷ 사울 왕은 자신의 죄를 직면하지 않았던 사람입니다. 그래서 모든 실패나 잘못의 원인을 다른 사람들에게서 찾았습니다. 여러분은 말씀을 통한 자기 성찰의 시간을 얼마나 가지고 있습니까?

적용을 위한 글

사울 왕은 이방 왕들과 똑같이 자신의 왕위를 지키기 위한 전쟁을 한다. 자신의 공로와 힘으로 전쟁을 해서 그의 왕권을 강화하기 위한 도구로 전쟁을 이용하려 한 것이다. 그러나 하나님은 자기중심적인 사울 왕을 이미 버리셨다. 우리는 무엇 때문에 이렇게 분주하게 살아가는가? 결국 사라져버릴 이 땅의 허상을 좇고 있지는 않은지 돌아보아야 한다. 자기중심적인 사람은 자신의 정직한 모습을 직면하지 않는다. 하나님 앞에서의 자신, 하나님의 말씀에 비친 자기 자신의 모습을 보지 못한다. 그래서 불만을 가지고 불평과 원망을 하며, 모든 책임을 다른 사람에게만 돌린다. 우리는 하나님 앞에서 그분의 눈으로 나와 세상을 보고 모든 일을 해석해 나가야 한다. 그리고 모든 결정권은 하나님께 드려서, 조금 늦게 가게 되더라도 하나님의 뜻대로 살아야 한다.

적용 및 결단을 위한 질문

❶ 사울 왕의 지나친 욕심은 이스라엘을 곤란에 빠뜨렸습니다. 여러분은 지나친 기대감과 욕심으로 주변 사람을 곤란하게 만들고 있지는 않습니까?

❷ 여러분은 상황이나 조건이 좋다고 해서 일을 함부로 결정하거나 조급하게 추진하지는 않습니까?

25 요나단 때문에

본문 사무엘상 14:38-52

외울말씀 백성이 사울에게 말하되 이스라엘에 이 큰 구원을 이룬 요나단이 죽겠나이까 결단코 그렇지 아니하니이다 여호와의 살아 계심을 두고 맹세하옵나니 그의 머리털 하나도 땅에 떨어지지 아니할 것은 그가 오늘 하나님과 동역하였음이니이다 하여 백성이 요나단을 구원하여 죽지 않게 하니라 (45절)

도입을 위한 글

미국의 찰스 콜슨(Charles Colson)은 예수님을 알기 전까지 닉슨 대통령의 보좌관으로 있다가, 거듭난 후에는 교도소 전도자로 다시 태어난 사람이다. 그는 자신이 쓴 책에서 미국 의회 역사상 가장 감동적인 순간이 인도 캘커타의 故 테레사 수녀가 미국 국회를 방문하여 연설했던 때라고 했다. 미국 사람들은 대부분 연설 때 연설자에게 박수를 아끼지 않는다고 하는데, 이상하게도 테레사 수녀가 연설을 마치자 그 누구도 박수를 치지 않았다고 한다. 오히려 침묵만이 감돌았다고 한다. 숨막히는 감동과 전율이 그들의 가슴과 목을 누르고 있었기 때문에 박수를 칠 여유조차 없었던 것이다. 그 이유는 마지막에 테레사 수녀가 던진 한마디의 말 때문이었다. "섬길 줄 아는 사람만이 다스릴 자격이 있습니다."

도입을 위한 질문

❶ 하나님께서 여러분에게 사랑으로 섬기라고 허락하신 사람들은 누구입니까?

❷ 그리스도인은 그의 생애의 마지막에 어떤 평가를 들어야겠습니까?

본문 질문

❶ 사울 왕은 하나님의 묵묵부답이 백성들의 죄 때문이라고 생각하고 범죄자를 뽑아낼 제비뽑기를 합니다. 이 제비뽑기에서 누가 뽑힙니까?(38-42절)

❷ 자신의 왕권 강화에만 몰입되어 있었던 사울 왕은 그의 아들조차도 안중에 없었습니다. 사울 왕은 누구를 빙자하여 아들까지 죽이려고 합니까?(43-44절)

* 근본적인 잘못은 사울 왕 자신에게 있었지만, 자신은 책임을 회피한 채 하나님과 아들에게 책임을 돌리고 있다.

❸ 사울 왕이 요나단을 죽이려 하자, 백성들은 요나단이 하나님과 무엇을 했다고 변호하고 나섭니까?(45절)

❹ 하나님은 비록 불신앙적인 사울 왕을 버리셨지만, 그의 재임 기간에는 많은 승리를 주셨습니다. 사울 왕이 평정했던 사방의 적은 누구입니까?(47-48절)

* 요나단의 믿음, 사무엘의 기도, 자기 백성을 끝까지 사랑하시는 하나님의 사랑(은혜)이 여전했기 때문이다.

❺ 하나님은 믿음의 사람 요나단으로 인해 사울 왕의 후손과 가문을 유지시키셨습니다. 49절을 읽고, 사울 왕의 자녀들을 정리해보십시오.

* 첩이었던 리스바에게서 태어난 알모니, 므비보셋(요나단의 아들과 다름)은 제외되었다.

❻ 사울 왕을 옆에서 도왔던 최측근들은 누구입니까?(50-51절)

❼ 사울 왕은 블레셋과의 큰 싸움에 대비해서 무엇을 준비합니까?(52절)

* 불러모았더라(52절): 직업 군인들을 고용하고 용병들을 모집했다는 뜻이다. 믿음이 아닌 군사력으로 하나님의 나라를 유지하려는 사울 왕의 어리석음을 볼 수 있다.

더 깊은 연구와 묵상을 위하여

❶ 백성들은 요나단을 온 마음으로 변호했습니다. 여러분은 어려움에 처해있는 사람을 변호해주고 있습니까?

❷ 하나님은 항상 그 시대의 남은 자들을 보시고 자비와 은총을 베푸셨습니다. 요나단과 사무엘, 그리고 바알에게 무릎 꿇지 않은 칠천 명(왕상 19:18)처럼, 여러분은 이 시대의 남은 자로서 믿음을 가지고 기도합니까?

적용을 위한 글

하나님은 제비뽑기에서 요나단이 뽑히도록 하셨다. 그리고 백성들을 구원한 사람은 사울 왕이 아니라 요나단이라는 것을 백성들의 입을 통해서 밝히셨다. 백성들이 요나단을 지지하고 사울을 고립시키도록 하심으로 모든 죄의 근원이 사울 왕이라는 사실을 밝히신 것이다. 특히, 백성들은 요나단을 하나님의 동역자라고 말했다. 이 얼마나 멋진 표현인가? 하나님은 하나님의 동역자와 함께 일하신다. 요나단과 같은 믿음을 가진 자, 사무엘과 같이 기도로 하나님을 의지하는 자와 함께 일하신다. 하나님을 떠나 자기중심적인 삶을 사는 사람은 버리신다. 하나님은 제비뽑기 사건을 통해 사울 왕의 끝없는 욕심을 멈추게 하셨다(46절). 그러므로 우리는 우리 자신의 욕심을 채우기 위한 분주한 발걸음을 지금 당장 멈추어야 한다. 그리고 겸손하게 무릎을 꿇고 하나님께 기도해야 한다.

적용 및 결단을 위한 질문

❶ 여러분은 하나님을 빙자하여 자신의 유익을 구하고 있지는 않습니까?

❷ 사울 왕은 하나님을 의지하지 않고 계속해서 눈에 보이는 안전장치를 마련하는데 힘썼습니다. 여러분은 하나님이 아닌 눈에 보이는 것만을 의지하지는 않습니까?

26 철저하지 않은 순종

본문 사무엘상 15:1-9

외울말씀 사울과 백성이 아각과 그의 양과 소의 가장 좋은 것 또는 기름진 것과 어린 양과 모든 좋은 것을 남기고 진멸하기를 즐겨 아니하고 가치 없고 하찮은 것은 진멸하니라 (9절)

도입을 위한 글

순종은 아마 현대 사회에서 가장 인기 없는 단어일 것이다. 순종이라는 개념을 제거하면 우리는 골자가 빠져버린 종교 속으로 빠져들게 된다. 복음주의자들의 설교는 그리스도에 대한 믿음을 심어주는 데는 성공했지만, 그들에게 진실한 믿음이란 기꺼이 우리의 죄된 행동들을 버리고 자신을 그리스도의 주권에 굴복시키는 것임을 일러주는 데는 실패했다. 본회퍼는 믿음과 순종을 떨어질 수 없는 하나로 보았다. "믿는 자들만이 순종할 것이며, 순종하는 자들만이 믿게 될 것이다." 불순종하는 자들은 참으로 믿지 못한다. 이것이 우리에게 진정한 희망을 안겨준다. 우리의 믿음이 요동하고 곤란한 지경에 빠졌을 때 우리가 할 수 있는 일은 무엇인가? 순종하는 것! 순종과 믿음이 함께 가면, 우리는 점점 성경의 가르침대로 되어 갈 것이며 우리의 믿음은 활력을 찾을 것이다. —게리 콜린스, 「균형잡힌 그리스도인」

도입을 위한 질문

❶ 하나님의 말씀에 순종하는 것이 쉽다고 느껴집니까, 아니면 어려운 일로 느껴집니까?

❷ "믿는 자들만이 순종할 것이며, 순종하는 자들만이 믿게 될 것이다"라는 본회퍼의 말에 동의합니까?

본문 질문

❶ 아말렉 족속은 과거 출애굽 당시 이스라엘에게 어떤 일을 행했습니까?(2절, 출 17:8 참조)

* 아말렉 족속은 에서의 손자인 아말렉의 후예로, 유다 남방과 시내 광야에 거주했던 유목 민족이다.

❷ 하나님은 오래 전 "내가 아말렉을 없이하여 천하에서 기억도 못 하게 하리라"(출 17:14)고 맹세하셨습니다. 이 맹세대로 하나님은 사울 왕에게 무엇을 명령하십니까?(3절)

* 진멸(3절): 완전한 파괴를 뜻한다. 그리고 전쟁의 전리품을 온전히 하나님께 드린다는 의미이다.

❸ 아말렉과의 전쟁을 위해 들라임에 모인 군사의 수는 얼마나 되었습니까?(4절)

* 20만이라는 숫자는 실재적이지 않다. 보통 20만=1,000(중대, 부대)×200(숫자)으로써 200개의 군사부대의 수를 나타내는 것으로 본다. 이 안에는 용병도 포함된 숫자이다. 참고로, 사무엘상 13장의 사울의 군사의 수는 3천 명이며 다윗도 400명의 군사와 전투했다.

❹ 사울 왕은 아말렉을 공격하기 전에 겐 사람들을 피신시켰습니다. 그 이유는 겐 사람들의 조상이 이스라엘에 대해 어떤 일을 했기 때문입니까?(6절)

* 겐 사람(6절): 모세의 처가에 속해 있는 미디안의 유목민이다(민 10:29–32 참조).

❺ 하나님의 대리인이었던 사울 왕은 하나님의 말씀을 어떻게 해야만 했습니까?(1절)

❻ 사울 왕은 하나님의 말씀에 철저하게 순종하지 못했습니다. 도표를 통해 정리해보십시오.

하나님의 명령(3절)	사울의 행동(5-9절)	순종여부 (○/×)
지금 가서	5절: 아말렉 성에 이르러	
아말렉을 쳐서	7절: 아말렉 사람을 치고	
그들의 모든 소유를 남기지 말고 진멸하되	9절: 아각과 그의 양과 소의 가장 좋은 것 또는 기름진 것과 어린 양과 모든 좋은 것을 남기고	
남녀와 소아와 젖 먹는 아이와 우양과 낙타와 나귀를 죽이라	8절: 아말렉 사람의 왕 아각을 사로잡고 칼날로 그의 모든 백성을 진멸하였으되	

❼ 사울 왕의 불순종에 함께 동참했던 사람들은 누구입니까?(9절)

* 사울 왕 혼자만의 생각이 아니었음에 주목하여. 사울 왕 내면의 의도를 파악해 보라. 적장을 생포하면 무엇이 유익한지, 양과 소 등 전리품을 가지고 귀환하면 무엇이 좋은지를 생각해 보라.

더 깊은 연구와 묵상을 위하여

❶ 하나님께서는 우리를 왕 같은 제사장으로 세워주셨습니다(벧전 2:9). 따라서 우리의 왕 되시며 주인 되시는 하나님의 말씀을 듣고 순종해야 합니다. 요즘 여러분은 누구의 말씀을 듣고 살아가고 있습니까?

❷ 하나님은 과거에 자신을 대적한 아말렉에게는 심판을, 이스라엘을 선대한 겐 족속에게는 구원을 주셨습니다. 모든 행동을 기억하시는 하나님 앞에서 여러분은 어떻게 살아야 합니까?

적용을 위한 글

이스라엘의 초대 왕 사울은 하나님의 대리자였다. 사울 왕은 대왕되시는 하나님의 통치권을 위임받아 하나님의 나라 이스라엘과 그 백성들을 잘 섬겨야 했다. 그분의 말씀을 잘 듣고, 그 말씀을 철저하게 지켜야 했다. 그러나 사울 왕은 하나님의 말씀에 철저하게 순종하지 않았다. 철저하지 않은 순종은 곧 불순종이다. 진멸하라고 하셨으면 진멸하는 것이 순종인 것이다. 사울 왕이 아각과 모든 좋은 전리품을 남겼던 그 중심에는 세상적 가치관이 자리하고 있었다. 그는 아말렉과의 전쟁이 자기가 잘해서 승리한 것이라는 자만심을 가지고 있었기에 자신의 승리를 빛내주는 전리품을 남기고 싶어 한 것이다. 그리고 전쟁에 참여한 백성들의 몫도 적당히 챙겨주어야 떨어진 인기도 올라가고 앞으로도 잘 따라줄 것이라는 인간적인 계산을 했던 것이다.

적용 및 결단을 위한 질문

❶ 철저하게 순종하지 않는 것은 불순종이나 다름없습니다. 여러분이 철저하게 순종하지 않는 것은 무엇입니까?

❷ 여러분은 하나님의 일을 할 때 나의 공로를 사람들에게 나타내기 위해서 눈에 보이는 업적물을 남겨두고 있지는 않습니까?

27 불순종은 우상숭배

본문 사무엘상 15:10-23

외울말씀 이는 거역하는 것은 점치는 죄와 같고 완고한 것은 사신 우상에게 절하는 죄와 같음이라 왕이 여호와의 말씀을 버렸으므로 여호와께서도 왕을 버려 왕이 되지 못하게 하셨나이다 하니 (23절)

도입을 위한 글

예수전도단에서 파송한 이용주 선교사의 이야기를 하려고 한다. 그는 원래 큰 배를 타는 마도로스였다. 1등 항해사였던 그는 주님의 부르심에 순종하여 지금은 아프리카 여러 지역을 돌아다니며 우물을 파는 일을 하고 있다. 어느 날 하나님은 그에게 선교 현장으로 가라는 말씀을 하셨고, 부르심에 충성하기 위해 아프리카에서 제일 힘든 재난 지역에 가서 우물을 파는 NGO 사역을 시작한 것이다. 보통 우물을 한 번 파고 나면 체중이 6kg 정도 준다고 하니, 얼마나 힘든 일인지 짐작이 되는가? 한번은 다른 지역에서보다 더 힘들고 어렵게 우물을 팠다고 한다. 가뭄이 심해서 땅은 땅대로 굳어 있었고, 사람들은 사람들대로 목마름에 힘들어하던 곳이었다. 그런데 선교사님과 동역자들이 수고한 결과, 그 우물에 물이 올라오기 시작했다. 물이 나오는 것을 본 마을 사람들은 너무 좋아서 서로 어깨동무를 하면서 춤을 추는데, 그 사람들 속에서 하나님이 "용주야, 고마워! 나는 네가 너무 고맙다!"라고 말씀하셨다고 한다. 그 순간 그동안 힘들고 어려웠던 모든 것이 다

녹고, 감격과 기쁨이 솟아올라 더 충성되게 헌신해야겠다고 결심했다고 한다. 오늘도 이용주 선교사와 동역자들은 세계의 분쟁 지역이나 전쟁 지역에서 땀을 흘리며 우물을 파는 일에 헌신하고 있다. 주님은 작은 일에 충성하는 우리를 기뻐하신다. 이름도, 빛도 없이 주님의 일에 충성할 때 그분은 그 일이 아무리 작다하더라도 순종하는 우리로 말미암아 기뻐하실 것이다. 순종이 제사보다 낫다고 하시지 않았는가!

—문희곤, 「얼음냉수」

도입을 위한 질문

❶ 요즘 여러분의 Q.T.(묵상의 시간)에 점수를 준다면 몇 점입니까?

❷ 하나님의 말씀을 듣고 깨달은 다음 실천하는데 가장 방해가 되는 것은 무엇입니까?

본문 질문

❶ 사울 왕은 하나님의 후회의 대상이요, 사무엘의 근심거리가 되었습니다. 사무엘은 하나님의 말씀을 들은 후 무엇을 합니까?(11절)

❷ 기도로 밤을 지새운 사무엘은 동이 트자마자 사울 왕을 만나러 갔습니다. 그 때 사울 왕은 갈멜에서 무엇을 하고 있었습니까?(12절)

* 기념비(12절): 고대 근동의 왕들은 종종 기념비를 세워 승리를 기념하였다. 기념비에는 성공적인 군사원정의 과정과 그 지역에 대한 왕의 통치권 등의 내용을 기록했고, 종종 왕을 찬양하는 내용도 기록해 놓았다.

❸ 사울 왕은 승리에 도취된 채, 자기 자신을 제대로 보지 못했습니다. 사울은 자신이 하나님의 명령에 어떻게 했다고 착각하고 있었습니까?(13절)

* 당시 고대 근동의 왕들은 전쟁에서 승리할 경우, 전리품들을 자신들의 신전에 바치는 관행이 있었다. 사울도 여호와께 전리품을 가져다 드린 것이 순종이라고 착각했다. 이방 풍습을 하나님의 방식이라고 착각한 것이다.

❹ 사무엘은 사울 왕이 아말렉을 진멸하지 않은 이유를 추궁했습니다. 사울 왕은 무슨 이유 때문이라고 둘러댑니까?(15절)

❺ 사무엘은 영적 무지와 착각 속에 빠져 있던 사울 왕에게 일침을 놓았습니다(16-18절). 사울 왕은 하나님의 목소리를 어떻게 하고 무엇에만 급급했습니까?(19절)

❻ 사울 왕은 여전히 변명을 계속했습니다. 사울 왕은 불순종의 책임을 누구에게 전가시켰습니까?(20-21절)

❼ 하나님은 그분의 목소리를 듣고 따르는 것을 좋아하십니다(22절). 하나님의 말씀을 듣지 않고 완고하게 거역하는 것은 어떤 죄와 같습니까?(23절)

* 거역(NIV; rebellion): 남의 주장을 무시하고 자신의 주장을 관철시키려 하는 것으로, 완고함과 동의어이다.

더 깊은 연구와 묵상을 위하여

❶ 기념비를 세운 사울 왕은 아말렉 전쟁의 승리가 자신의 공적인냥 착각하고 있었습니다. 혹시 여러분은 자신만의 공적 기념비를 세우기 위해 급급해하고 있지는 않은지 점검해보십시오(예를 들어, 자녀라는 기념비, 내 집 마련이라는 기념비, 승진이라는 기념비 등).

❷ 나는 다 잘하고 남은 다 못한다는 식의 자기중심적 사고방식은 교만입니다. 교만한 사울 왕은 결국 하나님으로부터 버림을 받았습니다. 여러분의 생각은 자기중심적이지 않습니까?

적용을 위한 글

사울 왕은 하나님의 말씀을 청종하지 않았다. 하나님의 말씀을 듣고도 그 말씀을 기억하지 않았으며, 그 말씀을 실천함에 있어서도 섬세하지 않았다. 우리가 하나님의 말씀을 청종할 때에는 바른 깨달음, 완벽한 순종에 이르려고 하는 열망, 그리고 나의 행동 하나하나가 하나님의 말씀대로 되어지길 바라는 섬세함이 있어야 한다. 또한 말씀을 청종하는 것이 내 삶의 목적이 되어야 한다. 하지만 사울 왕은 삶의 목적이, 인생의 목적이 잘못되어 있었다. 자신이 높아지는 것, 자신의 공적을 쌓고 무언가를 보여주려고 하는 외형주의가 있었던 것이다. 그것은 교만이다. 바벨탑을 쌓았던 우리의 선조들처럼, 사울 왕도 그렇게 자신만의 바벨탑을 하나하나 쌓아 올리려 했던 것이다. 하지만 그럴수록 하나님으로부터 멀어져만 갔다. 특히, 사무엘을 통해 하신 하나님의 말씀이 무섭게 들리기까지 했다. 불순종은 점치는 것과 우상숭배하는 죄와 같다! 그렇다. 하나님의 말씀에 위배된 삶은 우리가 무당에게 가서 점을 보거나 불상 앞에서 절하는 것과 똑같은 죄라는 사실을 깨달아야 한다.

적용 및 결단을 위한 질문

❶ 여러분은 하나님의 후회의 대상이나 영적 지도자들의 근심의 대상(11절)이 되고 있지는 않습니까?

❷ 여러분은 하나님이 가장 기뻐하시는 사람, 즉 하나님의 음성을 잘 듣고 순종하는 사람이 되기 위해서 무엇을 더욱 힘써야 하겠습니까?

28 하나님의 후회

| **본문** 사무엘상 15:24-35
| **외울말씀** 여호와께서는 사울을 이스라엘 왕으로 삼으신 것을 후회하셨더라 (35절b)

도입을 위한 글

어느 날, 미국 나이아가라 폭포로 향하는 강의 지류에 커다란 얼음 덩어리가 떠내려가고 있었다. 그 얼음 덩어리 위에는 양 한 마리가 얼어붙어 있었다. 그때 하늘에서 커다란 독수리 한 마리가 쏜살같이 내려와 먹이를 놓치지 않으려고 발톱으로 양을 움켜쥐고는 고기를 뜯어먹기 시작했다. 그런데 독수리는 폭포가 점점 가까워오고 있다는 사실을 잊어버리고 있었다. 갈수록 폭포 소리가 우렁차게 들리자 옆을 한 번 쳐다봤지만 독수리는 대수롭지 않게 생각했다. 강한 날개를 한번 펴서 창공을 날면 된다고 생각했던 것이다. 마침내 얼음은 폭포에 다다랐고, 독수리는 날개를 펴서 날아오르려고 했다. 그런데 날개만 푸득 거릴 뿐 날아오르지 못했습니다. 양털 깊이 박힌 발톱이 이미 얼음에 얼어붙은 것이다. 탐욕과 집착의 결과는 이와 같다.

도입을 위한 질문

❶ 여러분 인생의 좌우명은 무엇입니까?

❷ 요즘 여러분의 머릿속에 가득 차 있는 생각은 무엇에 관한 것입니까?

본문 질문

❶ 사울 왕은 상황이 자신에게 불리하게 돌아가자 그것을 역전시키기 위해 거짓 자백도 하고(24절), 제사를 사모하는 척 했습니다(25절). 하지만 사무엘은 사울 왕이 이미 무엇을 버린 상태임을 알고 있었습니까?(26절)

❷ 끝까지 집요하게 자신의 욕심을 성취하려는 사울 왕의 모습은 추악하기까지 합니다. 사울 왕은 돌아서려는 사무엘에게 어떤 일을 합니까?(27절)

* 찢어진지라(27절): 남편이 아내와 이혼할 때에 아내의 겉옷 자락을 잘라버리는 풍습이 있었다. 그러므로 이것은 사무엘과 사울 왕의 단절을 의미한다. 사울 왕은 마지막으로 자비를 구하는 심정으로 사무엘의 겉옷 자락을 잡았지만, 겉옷 자락이 찢어짐으로 자비를 거절당했다.

❸ 사무엘은 다시 한번 충격적인 선언을 합니다. 사울 왕은 폐위되었고, "왕보다 나은 왕의 이웃"이 즉위할 것이라고 말합니다. 왕을 폐위하고 즉위시키는 이스라엘의 지존자는 누구입니까?(29절)

❹ 사울 왕은 끝까지 하나님의 말씀에 굴복하지 않았습니다. 사울 왕은 계속해서 사무엘에게 무엇을 간청합니까?(30절)

❺ 사무엘이 돌이켜 사울 왕을 따라갔습니다. 그때 사울 왕은 재빨리 장로들과 백성들 앞에서 무엇을 합니까?(31절)

* 사울 왕의 최대 관심사는 백성들 앞에서 왕권을 강화하여 자신의 왕위를 굳게 하는 것이었다. 하나님의 평가에 상관없이 백성들 앞에서 당당하게 제사를 집전함으로 왕권만 강화하면 된다고 생각했다. 집요하게 자신의 목적을 성취하려는 사울 왕의 집착을 엿볼 수 있다.

❻ 사무엘이 사울 왕을 따라간 목적은 다른 데 있었습니다. 길갈에 간 사무엘은 용기 있게 어떤 일을 합니까?(32-33절)

❼ 사울 왕을 향한 사무엘과 하나님의 마음은 어떠했습니까?(35절)

더 깊은 연구와 묵상을 위하여

❶ 사울 왕은 자기 욕심을 만족시켜 줄 목소리에만 귀를 기울였습니다(딤후 4:3). 오늘날에도 자신의 욕심을 위해 하나님을 이용하려는 기복주의, 번영신학이 판을 치고 있습니다. 여러분은 순종과 번영 중 어느 것에 더 관심이 있습니까?

❷ 사울 왕의 인생의 목적은 자기를 높이는 것이었습니다. 여러분의 인생의 목적은 무엇입니까?

적용을 위한 글

사울 왕은 제 정신이 아니었다. 하나님을 두려워하고 그분의 말씀만 듣고 따라야 할 왕이, 하나님을 두려워하지 않고 그분의 말씀을 버렸다. 오직 자신이 백성들 앞에서 높아지는 것에만 몰두한 나머지 해서는 안될 일들을 했다. 심지어 거짓으로 회개와 자백을 했다. 사무엘의 겉옷까지 붙잡으면서 자신의 목적을 성취하려고 한 그의 내면은 자기 욕심으로만 가득했다. 하나님은 이런 사울을 더 이상 하나님의 대리인으로 사용하실 수가 없었다. 회개할 기회를 주셨지만 끝까지 회개하지 않는 자는 하나님께서 버리신다. 하나님은 절대주권을 가지고 계신 분이며, 기계적으로 무엇을 결정하시는 분이 아니다. 하나님은 불순종하고 언약에 충실하지 않은 왕을 교체하실 수 있는 권한을 가지고 계신 분이다. 그러므로 우리는 우리를 선택하신 것에만 안심하고 안주해서는 안 된다. 하나님은 나를 버리실 수도 있는 분임을 상기하며 늘 영적 긴장을 늦추지 말아야 한다. 그래서 영적 지도자들과 함께 하나님의 근심거리나 후회거리가 되지 않도록 해야 한다.

적용 및 결단을 위한 질문

❶ 사울 왕은 사무엘과 제사를 정치적 목적을 이루는 수단으로 생각했습니다. 여러분은 혹시 교회와 예배를 자신의 욕심을 성취하는 수단으로 이용하고 있지는 않습니까?

❷ 사무엘은 길갈에서 아각을 죽임으로써 완전한 순종으로 나아갔습니다. 여러분의 삶에서 아직까지 완전하게 순종하지 못하는 부분은 어떤 것입니까?

심도 있게 편찬된
구역 및 대학·청년부 BEST G.B.S. 교재

BEST 사무엘상 I

지은이 | 프리셉트팀(이상훈)

초판 1쇄 | 2012년 2월 3일
초판 3쇄 | 2019년 2월 26일

발행인 | 김경섭
국제총무 | 최복순
총무 | 김상현
기획국장 | 김현욱
서적부 | 양재성, 신충경, 신성화
편집부 | 고유영(편집실장), 김지혜, 허윤희, 유권지

발행처 | 묵상하는사람들
등록번호 | 20-333
일부총판 | 생명의말씀사 Tel. (02) 3159-7979 Fax. 080-022-8585

주소 | 서울시 동작구 사당로2가길 91(사당동) (우) 07028
전화 | (02) 588-2218 팩스 | (02) 588-2268
홈페이지 | www.precept.or.kr
국민은행 772-21-0310-382(김경섭)

값 4,500원
ISBN 978-89-8475-530-7 04230
978-89-8475-456-0 04230(세트)

독자 여러분의 의견을 기다립니다.
독자 전화 (02) 588-2218 / pmnqt@hanmail.net